AF569627

Aurélia Beaupommier

Zauberhafte Pâtisserie

Sagenumwobenes Gebäck und andere phantastische Leckereien

Zauberfeder, Braunschweig, Germany

Aurélia Beaupommier
Zauberhafte Pâtisserie – Sagenumwobenes Gebäck und andere phantastische Leckereien

Erste Auflage 2020

Text: Aurélia Beaupommier
Bearbeiter der Originalausgabe: Didier Férat, Marjorie Goussu und Lucia Di Bisceglie
Übersetzung: Diana Bürgel, Stephan Naguschewski
Lektorat: Stephan Naguschewski, Anja Grevener
Fotos: Anne Bergeron
Foodstyling: Vincent Amiel
Illustrationen: MOSHI MOSHI Studio (Amélie du Petit Thouars, Éloïse de Guglielmo)
Satz und Layout: Christian Schmal, Heike Philipp
Herstellung: Tara Tobias Moritzen
Druck und Bindung: UAB BALTO print, Vilnius

Printed in Lithuania
ISBN 978-3-96481-004-5
www.zauberfeder.de

Aurélia Beaupommier

Zauberhafte Pâtisserie

Sagenumwobenes Gebäck und andere phantastische Leckereien

Zauberfeder

„BUCH! ÖFFNE DICH …“

110
KUCHEN UND TORTEN

Atemberaubende Kuchen und Torten, die bei Geburtstagspartys und Familienfesten der großen Zauberersippen garantiert die Aufmerksamkeit jedes Magiers, Wahrsagers und Alchemisten auf sich lenken

156
ZAUBERTRÄNKE UND ELIXIERE

Hypnotische Mischungen und geheimnisvolles Brauwerk direkt aus Professor Moriartys Labor, um euren Durst zu löschen ... oder, um eure Gäste zu verhexen?

VORWORT

Ob schön oder hässlich, weise oder närrisch, menschlich oder ganz etwas anderes, auch die ungewöhnlichsten Zauberer gönnen sich hin und wieder eine Leckerei.

Bei aufmerksamer Betrachtung erkennen wir, dass magische Welten vor Kreaturen nur so wimmeln, die ihre Zeit entweder damit verbringen, ihr jeweiliges Universum – mitunter vor sich selbst – zu retten, oder damit, skrupellose Pläne zu seinem Untergang zu schmieden.

Uns fallen als Erstes Menschen wie Gandalf oder die Halliwell-Schwestern ein, aber wir sollten nicht vergessen, dass auch Zentauren, Vampire, Werwölfe, Oger, Trolle, Phantome, Drachen, Faune, Kaninchen und Biber kulinarische Köstlichkeiten keinesfalls verachten!

Für dieses zweite Zauberbuch magischer Rezepturen habe ich mich voller Freude ausschließlich auf Süßigkeiten und Leckereien konzentriert. Warum ein Buch, das sich nur mit Süßem beschäftigt?

Nun, ganz einfach: Weil zahlreiche Leser der *Zauberhaften Küche* – denen ich hier herzliche Grüße senden möchte – nach einem solchen gefragt haben, und auch, weil Zauberer, Hexen und phantastische Tierwesen ziemliche Schleckermäuler sind.

Also habe ich meine Schreibfeder gezückt und die Lieblingsrezepte der Figuren in euren Lieblingswelten zusammengesammelt.

Keine leichte Aufgabe, ganz sicher nicht! Ich trotzte allen Gefahren – von denen die größte war, mich in den Geschichten und so mein Ziel aus den Augen zu verlieren –, traf mich immer wieder mit alten Freunden *(Harry Potter, A Christmas Carol)*, bereiste ferne Länder mit wechselnden Zugängen *(Die Chroniken von Narnia, Die unendliche Geschichte)*, begegnete Furcht erregenden Schrecken (Aaah! Captain Hook!) und forderte mehrere Oberbösewichter heraus *(Dungeons & Dragons* et cetera*)*. Und all das nur, um eure – ja, genau, eure, liebe Leser, die ihr mein Buch in der Hand haltet – Geschmacksknospen zu erfreuen.

Manch einer mag sich darüber wundern, dass Gremlins sich diese Seiten mit dem verrückten Hutmacher teilen, Macbeths Hexen und Bilbo Beutlin gemeinsame Sache machen oder Willy Wonka und der Werwolf aus dem *Thriller*-Video gleichermaßen dieses Buch bevölkern. Aber schaut, all diese Wesen mit ihren verschiedenen Pelzen, Häuten, Federn und Schuppen, menschlich oder nicht, haben eines gemeinsam: Sie stammen aus phantastischen Welten, die euch über die Grenzen der normalen und euch bekannten Welt hinaustragen.

Wisst ihr, diese euch bekannte Welt, die euch so normal vorkommt – mitunter vielleicht sogar langweilig –, verbirgt in Wirklichkeit womöglich 1001 Wunder, und ihr könntet sie erspähen, wenn ihr genau hinschaut.

Und damit lasse ich euch jetzt dieses Buch erkunden und hoffe, dass die Rezepte euch, euren Freunden und euren Gästen zahlreiche Gaumenfreuden bescheren werden. Das Buch hat weder Anfang noch Ende, ihr könnt hin und her blättern, wie es euch beliebt, je nachdem, wonach euch gerade der Sinn steht (Teezeit mit Zwergen, Weihnachtsleckereien, Süßigkeiten für Halloween).

Was auch immer der Anlass, vergesst niemals:

„Der Zauber kommt aus den Büchern ...“
(Mortimer zu Capricorn, in Cornelia Funkes *Tintenherz*)

Aurélia Beaupommier

MEIN WHO IS WHO DER ZAUBERER

ALICE IM WUNDERLAND

Es war einmal ein kleines Mädchen namens Alice, das sich eines Tages sehr langweilte, als plötzlich ein weißes Kaninchen an ihr vorbeilief. Alice folgte ihm in ein Loch und stolperte in ein Wunderland ... Und so beginnt eine der wundersamsten Geschichten aller Zeiten. Geschrieben hat sie Lewis Carroll im Jahr 1865 für seine Freundin Alice Liddell, und sie strotzt nur so vor Fantasie, Extravaganz und unvergesslichen Figuren wie der Grinsekatze, der Raupe und dem verrückten Hutmacher.

Rezepte auf den Seiten 21, 38, 40, 87, 112 und 159.

BABA JAGA

Baba Jaga, eine Figur aus der slavischen Folklore, sieht und weiß alles. Woran könnt ihr sie erkennen? Nichts einfacher als das! Heute ist sie eine alte und knurrige Zauberin, morgen eine bezaubernde junge Dame. Jedes Mal, wenn ihr jemand eine Frage stellt, wird sie alt, sie erhält jedoch ihre Jugend zurück, indem sie einen aus blauen Rosen zubereiteten Tee trinkt. Baba Jaga wohnt in einer Hütte, die auf Hühnerbeinen steht und sie an jedes gewünschte Ziel bringt, reist zusammengekauert in einem magischen Kochtopf und achtet penibel darauf, ihre Spuren mit einem Besen aus Silberbirke zu verwischen. Allein ein stürmischer Wind lässt ihre Anwesenheit erkennen.

Rezept auf Seite 118.

DIE BRAUTPRINZESSIN

Duelle, Kämpfe, Rache, Verfolgungen, Flucht, große Liebe und Wunder ... All das erwartet euch, wenn ihr *Die Brautprinzessin* lest. Westley, ein einfacher Stalldiener, liebt Butterblume. Eines Tages zieht er aus, um sein Glück zu machen, damit er seine Geliebte heiraten kann. Bald aber spricht sich herum, dass das Schiff, auf dem er reiste, von einem schrecklichen Piraten angegriffen wurde, und man hält ihn für tot. Butterblume wird von Trauer überwältigt und schwört, sich nie wieder zu verlieben. Einige Jahre später, inzwischen die schönste Frau weit und breit, trifft sie Vorbereitungen, Prinz Humperdinck zu heiraten, obwohl sie nichts für ihn empfindet. Auftritt: Vizzini, der die Prinzessin entführen und töten soll, Inigo Montoya, ein spanischer Waffenmeister, der nach dem Mörder seines Vaters sucht, Fezzik, ein Riese, so stark wie schüchtern, und der Mann in Schwarz auf seiner Suche nach Rache.

Rezepte auf den Seiten 29 und 170.

CHARLIE UND DIE SCHOKOLADENFABRIK

Charlie Bucket ist ein bescheidener Junge, der mit seiner Familie in einem kleinen Häuschen wohnt. Als die Zahnpastafabrik, in der sein Vater arbeitet, geschlossen wird, droht der ganzen Familie die Armut. Zur gleichen Zeit ruft Willy Wonka, der größte und einfallsreichste Süßigkeitenproduzent der Welt, einen Wettbewerb aus: in seinen Schokoladentafeln sind fünf goldene Eintrittskarten versteckt, und wer sie findet, darf die Schokoladenfabrik besuchen ... Zu seiner eigenen Überraschung findet Charlie die letzte goldene Eintrittskarte. Zusammen mit Grandpa Joe erlebt er ein außergewöhnliches Abenteuer.

Dieser Klassiker der Kinderliteratur von Roald Dahl wurde 1964 veröffentlicht.

Rezepte auf den Seiten 23, 24 und 167.

CHARMED – ZAUBERHAFTE HEXEN

Die Serie *Charmed* wurde von 1998 bis 2006 ausgestrahlt und erzählt die Abenteuer dreier Schwestern namens Prue, Piper und Phoebe Halliwell in San Francisco. Später kommt Paige hinzu, eine vierte Schwester, auf die sie im Laufe ihrer Abenteuer stoßen. Eines Tages findet Phoebe ein Zauberbuch auf dem Dachboden, liest daraus vor und weckt dadurch die übernatürlichen Kräfte der drei Schwestern, von denen sie aber nichts wussten. Sie finden heraus, dass sie einer Linie mächtiger Hexen entstammen. Jede Einzelne muss lernen, mit ihren Gaben umzugehen und Zauberbuch und modernes Leben miteinander zu vereinbaren, um den bösen Mächten Widerstand leisten zu können, die alles unterjochen wollen ... Ihre Lieblingsrezepte sind von amerikanischen Halloweenfeiern inspiriert, bei denen sich alles um den Kürbis dreht.

Rezepte auf den Seiten 59, 60 und 62.

DIE CHRONIKEN VON NARNIA

In *Der König von Narnia* befindet sich Narnia unter dem Joch von Jadis, auch bekannt als die Weiße Hexe. Sie ist eine furchtbare Zauberin, halb Riesin, halb Dschinn, und hat einen Bann über Narnia gesprochen, sodass „immer Winter, aber niemals Weihnachten ist". Glücklicherweise kämpfen viele Wesen gegen ihre böse Macht: elegante Faune und mächtige Zentauren, bescheidene Biber und die unerschrockenen Töchter Evas und Söhne Adams. Jadis wird von Peter, Susan, Edmund und Lucy Pevensie herausgefordert und schließlich von Aslan in der Schlacht von Beruna besiegt, wodurch das Goldene Zeitalter von Narnia eingeläutet wird.

Rezepte auf den Seiten 64, 136, 139 und 175.

DUNGEONS & DRAGONS

Ursprünglich war *Dungeons & Dragons* ein Pen-&-Paper-Rollenspiel, später gab es auch Computerspiele und Verfilmungen. Darüber hinaus hat das D&D-Universum zahlreiche Fantasyromane inspiriert. Die Helden, die die Spieler spielen, leben in einer mittelalterlichen Fantasywelt, in der sie Questen nachgehen, Rätsel lösen, Verschwörungen aufdecken und sich großen Gefahren stellen. Die Charaktere entstammen unterschiedlichen Rassen (Elfen, Zwerge ...) und gehen verschiedenen Berufen nach (Dieb, Krieger ...), haben aber alle gleichermaßen Eigenschaftswerte, die von völlig desaströs bis herausragend reichen. Ihre Taten und Erfahrungen haben Auswirkungen darauf, wie sich das Spiel entwickelt.

Rezepte auf den Seiten 27, 51 und 127.

ERAGON

Es war einmal ein Waisenjunge namens Eragon, der mit seinem Onkel und seinem Cousin auf der Farm der Familie lebte. Die große Welt scheint weit entfernt und die Jahre verstreichen, bis Eragon ein seltsames blaues Ei findet, aus dem ein Drachenbaby schlüpft. Er gibt der Drachin den Namen Saphira und sie wird ihm eine majestätische und mächtige Freundin. Vom mysteriösen Geschichtenerzähler Brom lernt er, was es braucht, um ein guter Drachenreiter zu sein. Doch die Mächte des Bösen sind wachsam, und der Tyrann Galbatorix schickt seine Truppen aus, um Saphira, den letzten lebenden Drachen, zu finden. Eragon muss sein Dorf verlassen und findet sich in einem unbarmherzigen Kampf mit Galbatorix wieder, um seine Mitmenschen, Zwerge und Elfen aus den Klauen des herzlosen Tyrannen zu befreien.

Rezepte auf den Seiten 28, 95 und 96.

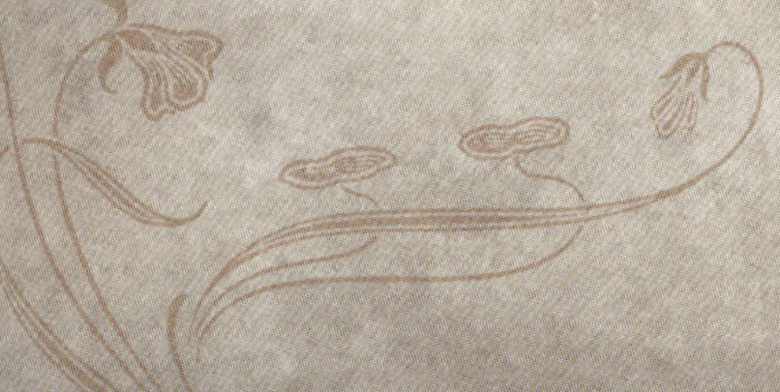

FINAL FANTASY

Die in der Welt der Videospiele international bekannte Serie *Final Fantasy* wurde von Hironobu Sakaguchi erschaffen und von Square Enix produziert. Das Spiel ist auf verschiedenen Konsolen unterschiedlichster Generationen erschienen und ist der Konkurrenz grafisch stets einen Schritt voraus, was vermutlich ein Grund für den Erfolg der Kinoadaption ist.

Rezept auf Seite 155.

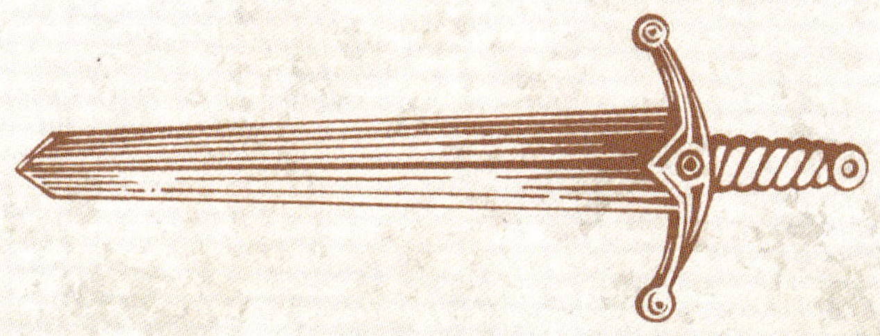

FLUCH DER KARIBIK

Die Vorlage für die Filmreihe *Fluch der Karibik* ist die Disneyworld-Attraktion *Pirates of the Caribbean*, die 1967 eröffnet wurde und an der Walt Disney persönlich mitplante. Die Filme erzählen die unglaublichen Abenteuer von Captain Jack Sparrow. Captain Sparrow wandelt sich von einem Mythos zu einem abgewrackten Piraten, wandert zwischen Leben und Tod und durchstreift die Meere am Ruder seines legendären Schiffes, der Black Pearl. Wird der opportunistische und launische Pirat seinen (Teilzeit-)Verbündeten, Elizabeth Swann, Will Turner und Hector Barbossa, bei der Suche nach dem verfluchten Schatz und dem Kampf gegen den Gott der Meere beistehen?

Rezept auf Seite 76.

GHOSTBUSTERS

Ghostbusters ist ein US-amerikanischer Film von Ivan Reitman. Die Geschichte über Geisterjäger war ein riesiger internationaler Erfolg in den Kinos – sie erzielte ein unerhöhtes Einspielergebnis, es gab zwei Fortsetzungen, Preise für die Special Effects und die kultige Titelmusik und ein Dreamcast (mit Bill Murray, Sigourney Weaver und Dan Aykroyd) – und die zahllosen Merchandise-Produkte fanden ebenfalls reißenden Absatz. Die Geisterjäger sind eine Gruppe mit Protonen-Packs, Overalls und einem legendären Auto ausgestatteter schräger Wissenschaftler.

Rezepte auf den Seiten 52 und 54.

DER GOLDENE KOMPASS

Der Goldene Kompass ist die Verfilmung von Philip Pullmans Romantrilogie *His Dark Materials*. Lysa Belacqua ist eine Waise – zumindest glaubt sie das – und lebt an einem College in London, wo ihr Onkel, Lord Asriel, und Marisa Coulter sie bisweilen besuchen. Die Entdeckung des Staubs und das Verschwinden ihres besten Freundes Roger stellen ihre Welt auf den Kopf. In Begleitung ihres geliebten Dæmons Pantalaimon und mit dem Alethiometer (einem goldenen Kompass, der die Wahrheit zeigt) bewaffnet, macht sie sich auf die Suche nach Roger.

Rezepte auf den Seiten 91 und 109.

GREMLINS

Ach, wie schön sind die Freuden des Weihnachtsfestes in einer kleinen, ruhigen Stadt in einer entlegenen Ecke der Vereinigten Staaten ... Bis Billys Vater ihm eine süße kleine Kreatur schenkt: den Mogwai Gizmo. Mogwais sind liebenswerte Gefährten, es sei denn, sie werden nass oder nach Mitternacht gefüttert. Dann vermehren sie sich, verwandeln sich in furchtbare Gremlins und verursachen heilloses Chaos. Als sich Gizmo und Billy in der Fortsetzung des Films ein paar Jahre später in New Yorks modernstem Gebäude, dem Clamp Tower, befinden, wird der kleine Mogwai erneut nass und die Gremlins versuchen, den Turm zu erobern.

Rezepte auf den Seiten 57 und 99.

DER GRINCH

Die Einwohner von Whoville lieben Weihnachten. Jedes Jahr denken sie sich Neues aus, um das Fest zu etwas Besonderem zu machen. Na ja, alle außer dem Grinch, so einer Art grünem, felligem Bogeyman, der Weihnachten hasst. Er hasst es so sehr, dass er eines Tages beschließt, allen das Fest zu verderben. Dr. Seuss' Buch *Wie der Grinch Weihnachten gestohlen hat* wurde 1966 fürs Fernsehen und 2000 als Film adaptiert und kam zu Weihnachten 2018 als 3-D-Animationsfilm erneut in die Kinosäle.

Rezepte auf den Seiten 73 und 184.

HARRY POTTER

Die Harry-Potter-Serie ist eine Buchreihe von J. K. Rowling, die fürs Kino adaptiert wurde. Sie erzählt die Abenteuer eines Waisenjungen, der eines Tages entdeckt, dass er nicht nur über Zauberkräfte verfügt und Zugang zu einer Welt hat, von deren Existenz er bisher nicht einmal ahnte, sondern auch der Auserwählte ist, auf den die Zauberergemeinschaft gewartet hat. Harry soll den mächtigsten bösen Zauberer aller Zeiten und Mörder seiner Eltern, Lord Voldemort, besiegen. In Hogwarts, der Schule für Hexerei und Zauberei, erlernt er die Zauberkunst und freundet sich mit Ron Weasley und Hermine Granger an. Die drei sind schnell unzertrennlich, ganz egal, ob es darum geht, mit ihrem Respekt einflößenden, aber gütigen Schulleiter Albus Dumbledore zu scherzen oder den Zaubertrankunterricht beim finsteren Professor Snape zu besuchen.

Rezepte auf den Seiten 42, 88, 161 und 165.

DIE HEXEN VON SALEM

Die Hexenprozesse von Salem markieren eine besonders dunkle Episode der Geschichte der Vereinigten Staaten von Amerika. Im Jahr 1692 behauptete eine Gruppe Jugendlicher, sie seien von Einwohnern des Village verhext worden. Im Zuge puritanischer Paranoia kam es schnell zu immer weiteren Beschuldigungen, die zur Gefangennahme und Verurteilung mehrerer Dutzend Personen in einer Reihe von Schauprozessen führten.

Um zu etwas Erfreulicherem überzugehen: Salem ist auch der Name von Sabrinas Kater in *Sabrina – Total Verhext!*, welcher eigentlich ein mächtiger Zauberer ist, der zu einem 100-jährigen Dasein als Katze verurteilt wurde.

Rezept auf Seite 140.

DER HOBBIT UND DER HERR DER RINGE

Damit keine Zweifel aufkommen: Bilbo verbrachte glückliche Tage in seinem Haus in Beutelsend, friedliche Tage ohne Abenteuer jeglicher Art, ein wirklich ehrenwertes Hobbitleben ... bis seine Wege sich mit denen des Zauberers Gandalf kreuzten. Am darauf folgenden Tag laden sich dreizehn Zwerge selbst zum Tee an seinen Tisch ein, reden von einem verlorenen Königreich, fernen Bergen und Wäldern voller Elfen ... und so verlässt Bilbo das Auenland, ohne Taschentuch, und lässt sich auf die furchterregendsten Abenteuer ein. Er trifft auf Trolle, Smaug den Drachen und einen gewissen äußerst mächtigen Ring ... Aber keine Sorge: Bilbo wird nach Hause zurückkehren und einige Jahre später seinen einundelfzigsten Geburtstag mit einer Party feiern, an die sich noch heute viele zurückerinnern.

Rezepte auf den Seiten 101, 129, 130 und 131.

DIE INSEL DER BESONDEREN KINDER

Miss Peregrine leitet ein Waisenhaus für Kinder mit besonderen Fähigkeiten: Emma schwebt in der Luft, Millard ist unsichtbar und Fiona kontrolliert Pflanzen. Um sie vor der Außenwelt zu beschützen, werden das Haus und der Garten in einer Zeitschleife gehalten, und jeden Tag stellt Miss Peregrine ihre Taschenuhr zurück, sodass der 3. September 1943 immer wieder von vorn beginnt. All dies entdeckt Jacob, als er die Orte erforscht, über die sein Großvater, der selbst einmal bei Miss Peregrine lebte, so viel erzählt hat. Leider sind nicht nur die schönen Teile dieser Geschichten wahr: Die Hollows brauchen die Augen der besonderen Kinder zum Überleben, und sie sind überall.

Rezepte auf den Seiten 83 und 176.

DIE KLEINE HEXE KIKI

Kikis kleiner Lieferservice ist ein japanischer Animefilm von Hayao Miyazaki, der 1989 von Studio Ghibli produziert wurde. Die Umsetzung eines Kinderbuches erhielt mehrere Auszeichnungen und wurde von Kritikern in der ganzen Welt gefeiert. Dieser Erfolg brachte Studio Ghibli den Durchbruch.

Rezept auf Seite 153.

LEGENDE

Prinzessin Lily und ihr Freund Jack, Beschützer des Waldes und Freund der Elfen, leben in einem blühenden Königreich. An einem schönen Frühlingstag bringt Jack Lily zu den Einhörnern. Unglückseligerweise schickt der Herr der Finsternis just in diesem Augenblick seine Lakaien aus, diese heiligen Tiere aufzuspüren, denn solange es in dieser Welt Einhörner gibt, kann die Finsternis nicht bestehen. Jack und Lily müssen ihr Leben riskieren, um das letzte Einhorn zu retten. Dieser 1985 veröffentlichte Film, bei dem Ridley Scott Regie führte und hochkarätige Schauspieler (u. a. Tom Cruise und Tim Curry) mitwirkten, erzählt eine zeitlose, fesselnde Geschichte in einer wunderschönen Landschaft und besitzt den Charme und die etwas altmodische Schönheit, die ihn heute zu einem der herausragenden Klassiker der Heroic Fantasy machen.

Rezepte auf den Seiten 102 und 133.

DIE LIGA DER AUSSERGEWÖHNLICHEN GENTLEMEN

Stellt euch ein Abenteuer vor, in dem der Unsichtbare, Tom Sawyer, Kapitän Nemo, Allan Quatermain, Mina Harker, Dorian Gray sowie Dr. Jekyll – und Mr Hyde, natürlich – die Helden sind. Welcher Bösewicht könnte wohl mit so außergewöhnlichen Charakteren konkurrieren? Die Antwort lautet: das Phantom, auch bekannt als Professor James Moriarty (aus den Sherlock-Holmes-Geschichten). Und wenn dann Allan Quatermain auch noch von Sean Connery gespielt wird … Muss wirklich noch mehr gesagt werden? Schaut euch diesen Film unbedingt einmal an … Oder bevorzugt ihr vielleicht die Comicbücher?

Rezepte auf den Seiten 105, 173 und 174.

MACBETH

Dieses Drama ist eines der berühmtesten, die der großartige William Shakespeare je geschrieben hat, und es erzählt die Geschichte, wie sein Protagonist an die Macht kommt, scheitert und dem Wahnsinn verfällt. Nachdem ihm drei Hexen prophezeit haben, dass er die Krone Schottlands tragen wird, lädt Macbeth König Duncan zu sich ein und erdolcht ihn. Geplagt von Angst, Reue und bald auch Wahn, befiehlt er die Tötung eines jeden, der sich seiner Herrschaft zu widersetzen scheint, und verstrickt sich so in einer Reihe von Geschehnissen, die sich als fatal herausstellen sollen. Am Ende der Geschichte erfüllen sich die Prophezeiungen der Hexen.

Rezept auf Seite 135.

MAGIC

Magic, auch bekannt als *Magic: The Gathering*, ist ein Sammelkartenspiel, das von Richard Garfield entwickelt und 1993 von Wizards of the Coast publiziert wurde. Es gibt mehr als 17.000 verschiedene Karten, kategorisiert nach der Farbe ihres Manas, aus denen jeder Spieler sich sein Deck zusammenstellt, um seine Widersacher zu bekämpfen. In der ganzen Welt finden Turniere statt und bei manchen gibt es mehrere Tausend Dollar Preisgeld zu gewinnen. Einige besonders seltene Karten werden zu sehr hohen Preisen gehandelt.

Rezept auf Seiten 65.

NICOLAS FLAMEL

Der Schriftsteller, Schriftenhändler und Alchemist Nicolas Flamel wurde um 1335 in Paris geboren. Sein Reichtum trug zu dem Gerücht bei, er habe den Stein der Weisen entdeckt und das Geheimnis gelüftet, wie man andere Metalle in Gold verwandelt. In *Harry Potter und der Stein* der Weisen, dem ersten Teil der Harry-Potter-Reihe, kann Voldemort mithilfe von Flamels Stein der Weisen seine Kräfte zurückgewinnen. Der Stein der Weisen fasziniert nach wie vor und steht im Zentrum vieler Handlungsstränge in Literatur und Film.

Rezept auf Seite 183.

NOSTRADAMUS

Michel de Nostredame, besser bekannt als Nostradamus, war ein Apotheker des 16. Jahrhunderts, der als Arzt und Astrologe tätig war. Als enger Freund von Caterina de' Medici wurde er zum Leibarzt und Berater des Königs ernannt. Er interessierte sich auch für Kräuterkunde, stellte Heilkonfitüren her und veröffentlichte darüber eine Abhandlung. Am bekanntesten aber ist er natürlich für seine berühmten Prophezeiungen, eine Sammlung von Voraussagen über weltbewegende Ereignisse der folgenden Jahrhunderte.

Rezepte auf den Seiten 30 und 45.

DER NUSSKNACKER

Eine Geschichte inspiriert von E. T. A. Hoffmann, Musik komponiert von Pjotr Tschaikowski und schon ist eines der wundervollsten Ballettstücke der Welt geboren. Eines Heiligabends bekommt Clara von ihrem Patenonkel Droßelmeyer einen prachtvollen hölzernen Nussknacker geschenkt. Als es aber Mitternacht schlägt, werden die Spielzeuge lebendig und der Nussknacker verwandelt sich in einen Prinzen. Clara reist in das Reich der Süßigkeiten und entdeckt seine Bewohner und Wunder: die Zuckerfee, ihren Kavalier, den Prinzen und Walzer tanzende Schneeflocken und Blumen.

Rezepte auf den Seiten 46, 85 und 124.

PETER PAN

„Es war einmal ein kleiner Junge, der wollte nicht erwachsen werden, und sein Name war Peter Pan ..." So beginnt die Geschichte, die Wendy ihren Brüdern Michael und John erzählt, wenn es Schlafenszeit ist. Peter Pan lebt im Nimmerland, einer von wilden Indianern und Piraten bewohnten Insel. Anführer der Piraten ist der fürchterliche Captain Hook, der Peter hasst, seit seine Hand von einem Krokodil abgebissen wurde. Zum Glück kann Peter Pan sich auf seine Freunde, Tinkerbell und die verlorenen Jungs, verlassen. Wie ihr euch Sir James Matthew Barries Figuren anschließen könnt? Nichts einfacher als das! Bestreut euch mit Feenstaub, denkt an etwas Schönes und fliegt durchs Fenster hinaus zum zweiten Stern rechts und dann immer geradeaus bis zum Morgen!

Rezept auf Seite 66.

PHANTASTISCHE TIERWESEN

Newt Scamander, ein Zauberer aus dem Kosmos von J. K. Rowling, ist ein Spezialist für magische Kreaturen. Im frühen 20. Jahrhundert bereist er die unwegsamsten Gegenden der Welt, um phantastische Tierwesen und ihre Verhaltensweisen zu erforschen. Auf diesen Reisen macht er einen Stopp in New York. Mehrere Tiere entkommen, was katastrophale Folgen nach sich zieht, und gleichzeitig versucht einer der mächtigsten Zauberer der Zeit, die Welt der normalen Menschen zu unterjochen. Während die Nicht-Zauberer vor Angst gelähmt sind und die anderen Zauberer nicht wissen, was sie tun sollen, bekämpfen Newt und seine Freunde den Furcht einflößenden Zauberer auf eigene Faust.

Rezepte auf den Seiten 115 und 162.

DER RING DES NIBELUNGEN

Die skandinavische und germanische Sage *Der Ring des Nibelungen* erzählt die Abenteuer Siegfrieds, welcher je nachdem als unerschrockener Wikinger oder als mutiger Krieger beschrieben wird. Er überwindet den Drachen Fafnir und wird zum unverwundbaren Träger eines von Zwergen geschmiedeten Ringes. Die Warnungen der Zwerge, der Ring sei verflucht und führe zu Gier und in den Niedergang, schlägt er in den Wind. Der Mythos inspirierte Richard Wagners gleichnamige Oper und den *Hobbit* sowie den *Herrn der Ringe* eines gewissen J. R. R. Tolkien.

Rezept auf Seite 116.

SABRINA – TOTAL VERHEXT!

Sabrina – Total Verhext! ist eine US-amerikanische Fantasy-Fernsehsendung von Nell Scovell, die auf der Comicserie *Sabrina the Teenage Witch* von Archie Comics basiert. Sie umfasst 163 Folgen in sieben Staffeln und lief von 1996 bis 2003. Drei Fernsehfilme sowie diverse Trickfilme und Bücher waren ebenfalls erfolgreich. An ihrem 16. Geburtstag erfährt Sabrina Spellman, dass sie eine Hexe ist. Sie lebt bei ihren beiden schrägen Tanten Hilda und Zelda, und ihr bester Freund ist ein sprechender schwarzer Kater namens Salem. Dieser ist eigentlich ein Zauberer, der als Strafe für seinen Versuch, die Weltherrschaft an sich zu reißen, für 100 Jahre in eine Katze verwandelt wurde.

Rezept auf Seite 150.

SHREK

Es war einmal ein grüner Oger namens Shrek, der lebte in einer Märchenwelt friedlich in seinem Sumpf, bis zu dem Tag, an dem Lord Farquaad beschloss, eine perfekte Welt ohne seltsame und unkontrollierbare Kreaturen zu erschaffen. Shreks zuvor beschaulicher Sumpf wird zu einem Zufluchtsort für die Wesen aus unseren liebsten Märchen. Gemeinsam mit Esel zieht er zu Lord Farquaads Schloss. Farquaad verspricht, dass Shrek seinen Sumpf zurückbekommt, sollte er es schaffen, Prinzessin Fiona aus dem obersten Raum des Drachenturmes zu befreien. Es wurden drei Fortsetzungen produziert und William Steigs Kinderbuch, das die Grundlage für den Film lieferte, gehört inzwischen zu den großen Büchern für (große) Kinder.

Rezepte auf den Seiten 70 107, 121,143, 145, 179 und 180.

STERNWANDERER

Das ehrbare Dorf Wall wäre ein ganz normales Dorf, befände es sich nicht an der Mauer, die ihm seinen Namen gab und die Grenze zum mystischen Reich der Feen darstellt – eine Grenze, die nie, nie überschritten werden sollte. Eines Nachts sieht ein junger Mann namens Tristan eine Sternschnuppe über dem Feenland niedergehen, schwört der schönen Victoria, sie ihr zu bringen und überquert die Grenze. So beginnt eine Reihe wilder Abenteuer mit Blitze jagenden Piraten, einem weichherzigen, aber innerlich starken Stern, einer bösen Hexe, Prinzen, die nach Kräften versuchen, den Thron zu übernehmen, und sogar einem Einhorn. Der Roman von Neil Gaiman, der 2007 verfilmt wurde, ist ein Kleinod, das jedem Liebhaber von Fantasy, ob jung oder alt, ans Herz gelegt sei.

Rezept auf Seite 37.

STRANGER THINGS

Stranger Things ist eine US-amerikanische Fernsehserie, die von Matt und Ross Duffer erfunden und produziert wurde. Bisher (Stand Herbst 2019) gibt es 25 Folgen in drei Staffeln. Eines Nachts verschwindet der junge Will Byers spurlos. Seine Mutter, seine Freunde, angeführt von Mike Wheeler und angeleitet von der mysteriösen Elfi, und Sheriff Jim Hopper machen sich auf die Suche nach ihm. Währenddessen wird die Stadt zum Schauplatz übernatürlicher Phänomene, die mit den Hawkins Labs zusammenhängen, dessen Experimente mit Wills Verschwinden zu tun zu haben scheinen. Von Publikum und Kritikern gleichermaßen gefeiert, hat *Stranger Things* mehrere Auszeichnungen erhalten und ist eine der beliebtesten Serien auf Netflix.

Rezept auf Seite 79.

THRILLER

In diesem weltberühmten Musikvideo von 1983 zu dem gleichnamigen Song und Album von 1982 nimmt Michael Jackson seine Freundin mit in einen Werwolffilm. Als sie das Kino verlassen haben und über einen nächtlichen Friedhof gehen, erhebt sich ein Nebel über den Gräbern, die Schatten werden lebendig und die Toten fordern das Paar zu einem teuflischen Tanz auf …

Mit seiner Choreografie, der Musik, einer roten Jacke und dem dämonischen Lachen, das nie in Vergessenheit geraten dürfte, gilt *Thriller* noch immer als das beste Musikvideo aller Zeiten.

Rezept auf Seite 33.

TINTENHERZ

Mortimer (Mo) ist eine „Zauberzunge“, was bedeutet, dass er die Figuren aus den Büchern, die er vorliest, in die echte Welt bringen kann. Das ist ja großartig, könnte man denken. Aber für jede Figur, die in unsere Welt kommt, wird einer von uns in die Geschichte des Buches eingeflochten. Das ist auch mit Teresa, Mos Frau und Mutter ihrer gemeinsamen Tochter Meggie, und einer Figur namens Staubfinger geschehen. Seitdem Teresa verschwunden ist, reisen Mo und Meggie um die Welt, um das Buch zu finden, von dem sie hoffen, dass es Teresa zurückbringen kann: *Tintenherz*. Zuvor aber müssen sie sich dem berüchtigten Capricorn stellen, der entschlossen ist, unser Universum mit fürchterlichen Wesen zu überfluten!

Rezept auf Seite 22.

TROLL VON TROY

In der Welt von Troy leben Menschen – die mit ihren magischen Fähigkeiten Haare wachsen, Kleider verschwinden lassen und sogar Wunden heilen können –, seltsame Wesen und Trolle. Die Trolle halten sich für äußerst zivilisiert, worin die Menschen ihnen keineswegs zustimmen, sind relativ intelligent und wahnsinnig lustig, jagen und essen alles, was sich in Reichweite befindet, und fürchten sich nur vor einem: nass zu werden … Sie würden dadurch ja sauber, und dann könnten ihre Fliegen abhauen! Ihr könnt ihre urkomischen Abenteuer in *Troll von Troy* verfolgen, einer französischen Comicserie des Mittelalterfantasy-Genres.

Rezept auf Seite 146.

TWILIGHT

Als ihre Mutter sich erneut verheiratet, beschließt die 17-jährige Bella, in die Nähe von Seattle zu ziehen und bei ihrem Vater zu leben. In ihrer grauen, regnerischen neuen Heimat fallen ihr einige Geschwister auf, die an der Highschool stets unter sich bleiben. Es sind die Cullens, und ihre Familie ist etwas speziell: Sie sind Vampire, und noch dazu vegetarische Vampire – sie trinken kein Menschenblut. Natürlich, wie sollte es anders sein, verliebt sich Bella in Edward, einen faszinierenden Vampir, der stets gegen seine raubtierhafte Natur kämpfen muss, wenn sie zusammen sind. Wird Bella es schaffen, inmitten dieser unsterblichen Wesen zu überleben?

Rezept auf Seite 74.

DIE UNENDLICHE GESCHICHTE

Der Film *Die unendliche Geschichte* basiert auf dem von Michael Ende im Jahr 1979 veröffentlichten Roman gleichen Namens. Wir tauchen mit dem jungen Protagonisten Bastian in die Lektüre eines Buches ein, das er im Buchladen gestohlen hat und zu dessen Held er schließlich wird. Diese außergewöhnliche Geschichte von einem jungen, einsamen Leser, der sich in seiner eigenen Haut nicht wohlfühlt und der die Aufgabe erhält, die Welt Phantásien zu retten, indem er ihrer Kaiserin einen neuen Namen gibt, war damals der bis dahin teuerste in Deutschland gedrehte Film und brachte viele Zuschauer, junge und alte, zum Träumen.

Rezept auf Seite 69.

UNTEN AM FLUSS

Fiver ist ein junges Kaninchen, und er kann in die Zukunft sehen. Als er eine Vision davon hat, wie ihr Bau zerstört wird, versuchen sein Bruder Hazel und er, ihren Anführer zu überzeugen, die Gegend zu verlassen – doch ohne Erfolg. Hazel und Fiver verlassen den Bau mit einer kleinen Gruppe weiterer Kaninchen und suchen nach einem neuen Zuhause, das Fiver ebenfalls in einer Vision gesehen hat: dem Bau von Watership Down. Die Gruppe macht eine lange Reise durch Hügel und Täler, auf der sie sich furchtbaren Gefahren stellen muss und neue Freunde findet. Werden die mutigen Kaninchen den Bau erreichen? Richard George Adams Buch ist weit mehr als nur eine Tiergeschichte, es ist ein epischer Roman, der Poesie, Mythologie und die Abenteuer wahrer Helden zusammenbringt. *Unten am Fluss* ist einer der beliebtesten Romane überhaupt und hat mehrere Adaptionen inspiriert.

Rezept auf Seite 148.

VAMPIRE DIARIES

Stefan und Damon Salvatore sind Brüder und schon sehr, sehr lang auf der Welt – denn sie sind Vampire. Während Damon sein Leben als Vampir voll auslebt, Menschen tötet und ihr Blut trinkt, möchte Stefan seine menschliche Seite bewahren, indem er versucht, sich unter die Menschen zu mischen und ausschließlich Tierblut zu trinken. Als sie einige Generationen später wieder im beschaulichen Mystic Falls sind, treffen sie an der Highschool auf die bezaubernde Elena, die genau aussieht wie Katherine, ihre verlorene Liebe. Doch die Hexen dieser Gegend sehen die Rückkehr der Vampire nicht gern, zumal sie mit dem Wiederauftauchen der Werwölfe zusammenfällt. Die Bedrohung für die Menschen, die nichts von den Gefahren um sie herum ahnen, ist groß.

Rezepte auf den Seiten 41 und 181.

DER WALD VON BROCÉLIANDE

Der Wald von Brocéliande liegt im Herzen der Bretagne und existiert seit Anbeginn der Zeit. Es ist ein Wald der Legenden, und es heißt, er sei Schauplatz von Merlins und Nimues Liebe und auch Morgan le Fays Verbitterung gewesen. Ihr könnt jahrhundertelang durch diesen Wald wandern und doch nie ein einziges Eichhörnchen antreffen, dafür aber einen Blick auf einen goldenen Baum oder ein Schwert, das aus dem Wasser aufsteigt, erhaschen. Ys, die Hauptstadt von Cornouaille, war einst eine prosperierende Stadt, doch eines Tages wurden die Schlüssel zu den Toren, die sie vor dem Meer schützten, gestohlen. Das Meer überflutete die Stadt und begrub sie unter sich. Prinzessin Dahut, die Hüterin von Ys, weigerte sich, die Stadt zu verlassen, und verwandelte sich in eine Meerjungfrau, die noch immer über die Einwohner der Baie de Douarnenez wacht.

Rezepte auf den Seiten 120 und 123.

THE WITCHER

The Witcher ist ein Action-Rollenspiel, das von CD Projekt entwickelt und von Atari herausgebracht wurde. Es erschien im Jahr 2008 und hat zwei Fortsetzungen. *The Witcher 2: Assassins of Kings* erschien 2011, *The Witcher 3: Wild Hunt* 2015. Das Spiel erhielt gute Kritiken und rangiert unter den Top 100 der meistverkauften PC-Spiele (1,2 Millionen Exemplare).

Rezept auf Seite 168.

EINE WEIHNACHTSGESCHICHTE

Diese Geschichte ist wohl eines der bekanntesten Werke von Charles Dickens. Ebenezer Scrooge hat allen schönen Dingen des Lebens (Freunden, Familie, der Liebe ...) den Rücken zugewandt und sich dem Geld verschrieben. Allein und verbittert verbringt er seine Tage in seinem Büro, wo er den armen Cratchit ausbeutet und terrorisiert. An Heiligabend erscheint ihm der Geist seines ehemaligen Kollegen und Freundes Jacob Marley und erzählt ihm, dass er im Laufe der Nacht Besuch von drei anderen Geistern erhalten werde: dem Geist der vergangenen Weihnacht, dem Geist der diesjährigen Weihnacht und dem Geist der zukünftigen Weihnacht. Während er die Geister begleitet und über seine Taten nachsinnt, wird Scrooge eine Chance geboten – eine letzte! –, um sein Leben, seine Seele und sein Glück zu retten. Diese Geschichte gehört für mich zu den schönsten der Welt.

Rezepte auf den Seiten 49, 93 und 166.

Kapitel 1

HÄPPCHEN UND LECKERBISSEN

ALICE IM WUNDERLAND

HERZKÖNIGINNENTÖRTCHEN

Wenn Ihre Königliche Hoheit, die Königin der Herzen, Croquet spielt, dann hat sie gern etwas Süßes dabei – in ihren Farben natürlich. Diese Häppchen nascht sie, während sie ihre Spielkunst bewundert, ihre frisch rot bemalten Rosen und die Eidechse, die über den Wald fliegt. Man muss verstehen, dass es nicht immer leicht ist, Königin zu sein, besonders nicht, wenn man stets das legendäre Lächeln und eine ruhige Haltung waren muss.

ZUTATEN
ERGIBT 15–20 TÖRTCHEN

250 g fertiger Blätterteig
Milch zum Glasieren
100 g frische Himbeeren (oder Erdbeeren)
200 ml Schokoladencreme (Crème au Chocolat)

VORBEREITUNG: **10 MINUTEN** ZUBEREITUNG: **10 MINUTEN**

- Den Ofen auf 230 °C vorheizen und ein Backblech mit Backpapier auslegen. Dann klaut ihr euch die Lockenwickler, mit denen die Dodos ihre Perücken kringeln, und rollt mit diesen wunderbar geeigneten Küchenutensilien den Blätterteig etwa 3 Millimeter dick aus. Ihr könnt dafür aber auch einen Teigroller nehmen. Mit einem Herzausstecher herzförmige Plätzchen ausstechen und auf das Backblech legen.
- Die Teigherzen mit Milch bestreichen und 10 Minuten lang backen, bist der Teig so hübsch goldbraun ist, wie das weiche Fell eines Siebenschläfers. Aus dem Ofen nehmen und so lange abkühlen lassen, wie eine Partie Croquet dauert. Aber wartet nicht zu lang!
- Wenden wir uns nun der Füllung zu. Die Himbeeren abspülen und ein paar davon zum Verzieren beiseitelegen, die übrigen vorsichtig unter die Schokoladencreme rühren.
- Die Teigherzen mit der Creme füllen und mit den übrigen Himbeeren belegen. Das Ergebnis ist einfach köst-lich, und sollte da jemand anderer Meinung sein: AB MIT DEM KOPF!!!!!!

TINTENHERZ

STAUBFINGERS WONNE

Staubfinger der Feuerfresser ließ gerade Funken und Flammen auf den Fingern tanzen, als Mo ihn aus seinem Buch in unsere Welt holte. Seither kehrt Staubfinger immer und immer wieder in seine Geschichte zurück, um diese Köstlichkeiten aus seiner eigenen Welt zu naschen.

ZUTATEN
ERGIBT 15 LECKERBISSEN

VORBEREITUNG: **10 MINUTEN** ZUBEREITUNG: **10 MINUTEN** RUHEN LASSEN: **30 MINUTEN**

50 g Mandeln
50 g Haselnüsse
50 g Pistazien
1 TL Schlagsahne
20 g Honig
50 g Kristallzucker
60 g Butter + 1 EL + etwas extra für das Backblech
100 g Schokolade, in Stücke geschnitten

- Die Nüsse grob zerkleinern und mit den Fingern schnipsen, bis die ersten Funken erscheinen. Sanft darauf blasen, bis die Flämmchen wachsen und vor euch zu tanzen beginnen. Die Flammen unter eine Pfanne pusten und die Mandeln, Haselnüsse und Pistazien ein paar Minuten bei mittlerer bis starker Hitze rösten, bis sie zu duften beginnen. Beiseitestellen.
- Sahne, Honig, Zucker und Butter in einen Topf geben, schmelzen und vermischen. Dann die gerösteten Nüsse unterheben.
- Den Ofen auf 180 °C vorheizen und ein leicht gebuttertes Backpapier auf ein Backblech legen. Kleine Teigkugeln auf das Papier löffeln, dabei genug Platz zwischen den Plätzchen lassen, weil sie beim Backen aufgehen. Für 8–10 Minuten in den Ofen schieben, dann herausnehmen und abkühlen lassen, bevor ihr sie vom Blech nehmt.
- Schokoladenstücke und 1 Esslöffel Butter in einen Wasserbadtopf geben. Sobald die Schokolade geschmolzen ist, jedes der Plätzchen bis zur Hälfte in die Schokolade tauchen und auf einem Blech oder einem Teller abkühlen lassen. Sobald sie ganz erkaltet sind, kann man sie genießen, während man den Flammen beim Tanzen zuschaut.

CHARLIE UND DIE SCHOKOLADENFABRIK

HAARWUCHSKARAMELLEN

Dies ist eine von Willy Wonkas berühmtesten Kreationen: Karamellbonbons, die Haare wachsen lassen. Stimmt wirklich! Wenn man eine dieser Karamellen lutscht, dann verwandelt sich die eigene schüttere Haartracht innerhalb weniger Wochen in eine erstaunliche Mähne, die eines Oompa Loompas würdig wäre.

ZUTATEN
ERGIBT 20 KARAMELLEN

60 g Butter
200 g gesüßte Kondensmilch
125 g Puderzucker
1 EL Honig

VORBEREITUNG: 30 MINUTEN ZUBEREITUNG: 30 MINUTEN KÜHLZEIT: 1 STUNDE

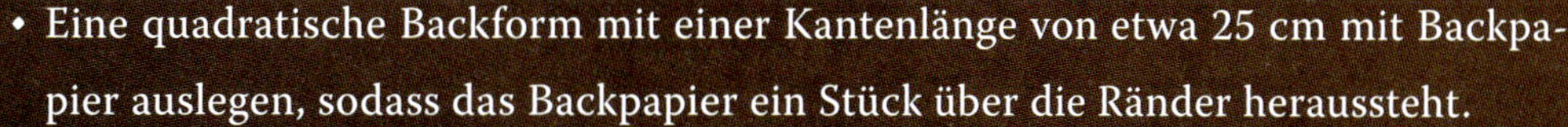

- Eine quadratische Backform mit einer Kantenlänge von etwa 25 cm mit Backpapier auslegen, sodass das Backpapier ein Stück über die Ränder heraussteht.
- In einem kleinen Kessel nach Oompa-Loompa-Art Butter, Kondensmilch, Puderzucker und Honig bei schwacher Hitze erwärmen.
- Die Mischung kurz aufkochen, sobald sich der Zucker vollständig aufgelöst hat, dann die Hitze noch weiter herunterschalten und unter gelegentlichem Rühren 20 Minuten simmern lassen. Die Mischung darf aber nicht kochen, weil das Karamell sonst ganz heimlich klebrig wird. Allmählich wird die weiße Mischung einen Goldton annehmen und eindicken, bis eine herrlich glatte Creme entstanden ist, so dick wie ein Wasserfall aus geschmolzener Schokolade. Wenn die Mischung noch zu flüssig ist, einfach ein paar weitere Minuten länger simmern lassen.
- Ofenhandschuhe überziehen und das Karamell in die Backform füllen, etwa 1 Zentimeter hoch. Glatt streichen und am besten für 1 Stunde in den Kühlschrank stellen, mindestens aber 30 Minuten, oder, na ja, so lang ihr eben warten könnt. Wenn das Karamell fest geworden ist, mit einem Plätzchenausstecher nach Wahl Bonbons ausstechen und im Kühlschrank aufbewahren.

CHARLIE UND DIE SCHOKOLADENFABRIK

ZUTATEN
ERGIBT 40 BONBONS IN JEDER FARBE

ROT

250 ml Rote-Bete-Saft
250 ml Erdbeersaft
2 EL Honig
½ TL (2 g) Agar-Agar-Pulver

ORANGE

250 ml Karottensaft
250 ml Orangensaft (oder Pfirsich, Mango, Mandarine, Aprikose)
2 EL Honig
½ TL (2 g) Agar-Agar-Pulver

GELB

250 ml Birnensaft
250 ml Apfelsaft (oder heller Traubensaft)
2 EL Honig
½ TL (2 g) Agar-Agar-Pulver

GRÜN

500 ml Gurkensaft (oder Kohlsaft)
2 EL Honig
½ TL (2 g) Agar-Agar-Pulver

LILA

500 ml dunkler Traubensaft (oder Blaubeer- oder Brombeersaft)
2 EL Honig
½ TL (2 g) Agar-Agar-Pulver

REGENBOGENBONBONS

Als Charlie Bucket, nachdem er das berühmte goldene Ticket im Einwickelpapier seiner Schokoladentafel entdeckt hat, Willy Wonkas Schokoladenfabrik zum ersten Mal betritt, hat er noch keine Ahnung von all den Wunderdingen, die hier auf ihn warten: Schokoladenflüsse, Berge aus Süßigkeiten, Eiscreme, die niemals schmilzt, Kaugummi, der nie seinen Geschmack verliert … Probiert es doch einmal mit diesen erstaunlichen Regenbogenbonbons, die euch sofort glücklich machen!

VORBEREITUNG: **15 MINUTEN** ZUBEREITUNG: **5 MINUTEN** KÜHL STELLEN: **2–3 STUNDEN**

- Säfte nach Wahl in einen Topf gießen, den Honig hinzugeben und rühren, bis er sich ganz aufgelöst hat. Das Agar-Agar-Pulver darübersprenkeln und 2 Minuten unter gelegentlichem Rühren kochen.
- Vom Herd nehmen, in weiche Bonbonförmchen nach Wahl gießen (Kugeln, Teddybären, Dinosaurier, Blumen und so weiter) und 2–3 Stunden in den Kühlschrank stellen.
- Die Bonbons aus den Förmchen lösen, ein erstes, ein zweites und dann noch ein drittes Mal probieren, um ganz sicherzugehen, dass sie auch gut sind. Falls noch ein paar Bonbons übrig bleiben, kann man sie in einem verschlossenen Behälter im Kühlschrank aufbewahren.

GOLDEN

DUNGEONS & DRAGONS

ENERGIEKUGELN

Wer weiß schon, was dir, der du diese Zeilen liest, auf den verschlungenen Schicksalspfaden eines vergessenen und fernen Königreichs widerfahren wird? Also mache beim Waffenhändler deiner Wahl Halt und rüste dich großzügig mit diesen Energiekugeln: Sie werden dafür sorgen, dass du Gefahren und Herausforderungen trotzt, ohne auch nur mit der Wimper zu zucken.

ZUTATEN
ERGIBT 40 KUGELN

200 g Kürbiskerne
200 g Haferflocken
250 g Datteln
75 g Honig
75 g Kürbispüree
1 TL gemahlener Zimt
½ TL gemahlener Ingwer
frisch gemahlene Muskatnuss

VORBEREITUNG: 10 MINUTEN ZUBEREITUNG: 5 MINUTEN

- Wenn eine neue Quest ausgerufen wird, bereitet unverzüglich eure Energiekugeln vor. Kürbiskerne wenn nötig abspülen und bei starker Hitze ein paar Minuten anrösten.
- Genauso mit den Haferflocken verfahren.
- Die gehackten Datteln mit Honig, Kürbispüree und Gewürzen mischen, dafür den Knüppel eines Trolls oder die Lanze eines Kobolds verwenden (auf keinen Fall den Zauberstab nehmen – der verklebt total und ist dann eine Ewigkeit unbrauchbar).
- In einer anderen Schüssel Haferflocken und Kürbiskerne vermischen. Mit einem Augenausstecher oder einem Löffel kleine Portionen der Dattelmischung abstechen und in den Kürbiskernen und Haferflocken wälzen, bis die Kugeln nicht mehr an den Fingern festkleben. So lange weitermachen, bis die gesamte Mischung verbraucht ist.
- Aufessen, wann immer das Abenteuer ruft!

Anmerkung: Diese Kugeln können von allen Magiern von Rüstungsklasse 5 und ETW0 7 an aufwärts verwendet werden.

ERAGON

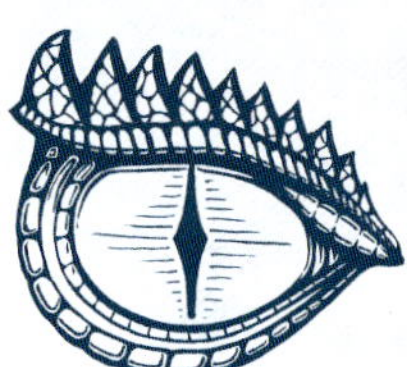

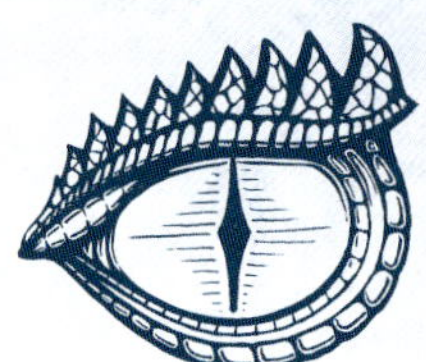

SAPHIRAS EIER

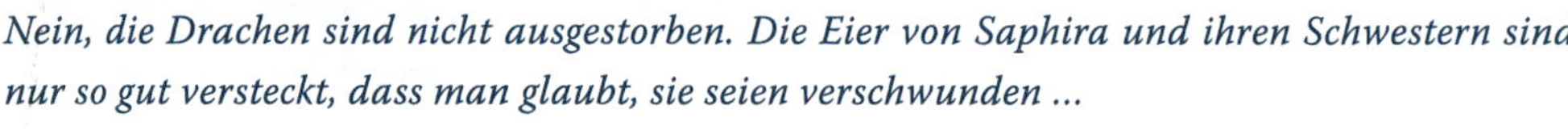

Nein, die Drachen sind nicht ausgestorben. Die Eier von Saphira und ihren Schwestern sind nur so gut versteckt, dass man glaubt, sie seien verschwunden …

ZUTATEN
ERGIBT 20 EIER

VORBEREITUNG: **20 MINUTEN** ZUBEREITUNG: **10 MINUTEN** RUHEN LASSEN: **3 STUNDEN**

30 g gefrorene Blaubeeren
100 g Butter
40 ml Schlagsahne
250 g weiße Schokolade, in Stücke gebrochen
75 g Puderzucker

- Die gefrorenen Blaubeeren in eine Küchenmaschine geben (oder einen Pürierstab verwenden) und zu einer Paste verarbeiten.
- Butter in einen Topf geben und bei schwacher Hitze schmelzen lassen, dann Sahne, weiße Schokolade und Blaubeerpaste dazugeben und unter Rühren zusammenschmelzen lassen.
- Vom Herd nehmen und auf Zimmertemperatur abkühlen lassen, dann mit Frischhaltefolie abdecken und 3 Stunden in den Kühlschrank stellen.
- Die Mischung aus dem Kühlschrank nehmen. Mithilfe eines Löffels kleine Kugeln aus der Mischung stechen und zwischen den Handflächen zu Eiern formen. Dann die Eier in Puderzucker wälzen, damit sie nicht zusammenkleben. Überschüssigen Zucker vorsichtig abklopfen.
- Anders als gemeinhin angenommen, sollten Dracheneier kühl gelagert werden, nicht an warmen Orten. Im Kühlschrank geht es ihnen besonders gut. Vielleicht gelten die Drachen als ausgestorben, weil nur so wenige Menschen wissen, wo man sie finden kann …

DIE BRAUTPRINZESSIN

HÄPPCHEN DES WUNDERHEILERS MAX

Ein Mediziner vom Format eines Max Wunderheilers macht einen eindeutigen Unterschied zwischen „ein bisschen tot", „überwiegend tot" und „ganz tot" und Westley war schon sehr, sehr tot, als Inigo Montoya und Fezzik ihn zu ihm brachten, um zu sehen, ob er dieses Problem irgendwie lösen könnte, was er dann auch äußerst bereitwillig tat.

ZUTATEN
ERGIBT 16 HÄPPCHEN

VORBEREITUNG: 20 MINUTEN ZUBEREITUNG: 20 MINUTEN KÜHLSTELLEN: 2 STUNDEN

1 Bioorange
150 g geschälte Mandeln
150 g dunkle Schokolade
200 g Milchschokolade

- Die Orange abspülen und schälen, die Schale in kleine Stückchen schneiden. Beiseitelegen und nicht auf das Geplapper dieses Spaniers achten, der vor sich hinmurmelt, sein Name sei Inigo Montoya, *blablabla*.
- Die Mandeln ein paar Minuten lang bei starker Hitze in einer Pfanne rösten, dann Fezzik darum bitten, zwei Drittel davon in Stücke zu brechen.
- In einem Wasserbadtopf die dunkle Schokolade mit einem Viertel der Milchschokolade schmelzen. Dann die Mandelstücke und die Orangenschale dazugeben. Diese Mischung in einen Eiswürfelbehälter gießen und für 2 Stunden in den Kühlschrank stellen, oder so lange, bis ihr die Reimspielchen zwischen Inigo und Fezzik satthabt.
- Nachdem ihr den Riesen gebeten habt, die restlichen Mandeln klein zu mahlen, gebt die verbliebenen drei Viertel der Milchschokolade in den Wasserbadtopf und hebt die Mandeln unter.
- Die dunkle Schokolade aus dem Eiswürfelbehälter lösen, mit einem Schwert aus Toledo aufspießen – oder mit einer Gabel, wenn euch das lieber ist – und in den Topf mit der Milchschokolade tauchen. Die überflüssige Schokolade abtropfen lassen.
- Während die Schokolade hart wird, beißt die Zähne zusammen und erduldet ein paar weitere Reime von Inigo und Fezzik. Dann endlich könnt ihr die Köstlichkeiten probieren: Ihr seid jetzt in Besitz eines Wundermittels, das es euch erlaubt, das Schloss anzugreifen, die Hochzeit zu verhindern, den Grafen zu bekämpfen und auf das Schiff zurückzukehren.

NOSTRADAMUS

CALISSONS

Der große Magier und Autor einer Abhandlung über Konfitüren kam ursprünglich aus Aix-en-Provence. Diese Köstlichkeiten stammen aus seinem Heimatland. Der gefeierte Seher naschte sie im sechzehnten Jahrhundert mit Vorliebe.

ZUTATEN
ERGIBT 60 CALISSONS

100 g gemahlene Mandeln
75 g Puderzucker
80 g kandierte Melone
20 g kandierte Zitrusfrüchte
1 TL Orangenblütenwasser
1 Packung ungesäuerte Brotfladen (beispielsweise Matzenbrot)

GLASUR
150 ml Zitronensaft
150 g Puderzucker

VORBEREITUNG: **10 MINUTEN** RUHEN LASSEN: **1 NACHT + 3 STUNDEN**

- Am Vorabend die gemahlenen Mandeln in einen Topf geben und bei starker Hitze ein paar Minuten lang rösten. Gemahlene Mandeln, Puderzucker, kandierte Früchte und Orangenblütenwasser mischen. Rühren, bis ein weicher Ball entsteht. Wenn die Paste noch klebrig ist, ein paar Sekunden lang über starker Hitze trocknen.
- Den Teig zwischen zwei Lagen Backpapier 5 Millimeter dick ausrollen, dann das obere Backpapier abziehen. Mit einem Plätzchenausstecher in Diamantform (oder Quadratform) Kekse ausstechen. Dazwischen den Plätzchenausstecher immer wieder in eine Schüssel mit warmem Wasser tauchen. Die Calissons auf einen Gitterrost legen und über Nacht auskühlen lassen.
- Am nächsten Tag mithilfe desselben Plätzchenausstechers dieselbe Menge an Diamanten oder Quadraten aus dem Brot ausstechen, dabei fest nach unten drücken. Ein Stück auf jedes Calisson legen.
- Die Glasur zubereiten, indem ihr den Zitronensaft mit dem Puderzucker verrührt. Die Seite mit dem süßen Teig der Calissons in die Glasur tauchen und mit dem Finger glatt streichen. So lange trocknen lassen, wie ihr widerstehen könnt (idealerweise ein paar Stunden).

fresh
POP CORN
NUTRITIOUS
fresh
POP CORN
fresh
POP CORN

THRILLER

WERWOLFPOPCORN

Im Musikvideo für Thriller, *das die Charts im Sturm eroberte, nimmt Michael Jackson seine Freundin mit ins Kino, um sich mit ihr einen Horrorfilm anzuschauen. Michael grinst breit und nascht sein Popcorn, und sie behauptet, vor den Geschöpfen der Nacht keine Angst zu haben. Michael lächelt wieder und seine Augen werden schmal, während die Nacht hereinbricht …*

ZUTATEN
ERGIBT 4 PORTIONEN

- 900 ml Öl
- 50 g getrocknete Maiskörner
- 2 EL Butter
- 300 g brauner Zucker
- 2 Prisen Salz

VORBEREITUNG: 5 MINUTEN / ZUBEREITUNG: 5 MINUTEN

- Wenn der Mond hoch am Nachthimmel steht, gießt das Öl in einen Topf und gebt drei Maiskörner mit hinein. Einen Deckel auflegen und bei starker Hitze auf den Herd stellen. Wenn die Totenglocke eines der Körner erklingt („pop!"), dann nehmt die drei Maiskörner heraus, seid dabei aber vorsichtig, damit ihr euch nicht verbrennt. Die übrigen Maiskörner in den Topf geben, den Deckel auflegen und die Hitze herunterschalten. Den Topf regelmäßig schütteln, damit die Körner ganz unten nicht verbrennen.
- Wenn sich eine Grabesstille herabgesenkt hat, nehmt den Topf vom Herd.
- Schüttet das Popcorn in eine Schüssel, gießt das überschüssige Öl ab und schmelzt die Butter. Gießt sie über das Popcorn und mischt alles gut durch, sodass jedes Stück Popcorn mit Butter überzogen ist. Das heiße Popcorn mit 1 Esslöffel Zucker bestreuen. Dann den restlichen Zucker und das Salz in den immer noch buttrigen Topf geben und schmelzen.
- Wenn das Karamell eine blassgoldene Farbe angenommen hat, gießt es über das Popcorn und rührt, rührt und rührt noch einmal mit einem Holzlöffel, bis alles mit Karamell überzogen ist. Bei eurem Lieblingsfilm genießen!

Kapitel 2

KEKSE UND GEBÄCKSPEZIALITÄTEN

STERNWANDERER

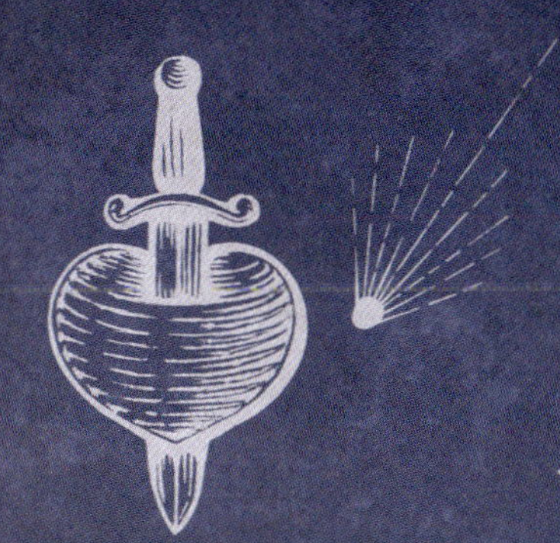

FEENFESTTAGSBRÖTCHEN

Alle neun Jahre feiern die Feen ein Fest jenseits der Mauer, die Wall vom Königreich Stormhold trennt. Wer sich dorthin wagt, der wird Kobolden begegnen, die allerlei Köstlichkeiten verkaufen, erstaunlichen Akrobaten, Zaubererkaufleuten und sogar ein paar fliegenden Piraten. Aber passt auf: Wenn euch eine Prinzessin in Gestalt eines Vogels eine Schneeflocke aus Glas anbietet, dann weiß niemand, was geschehen kann. Vielleicht fällt ein Stern vom Himmel, bricht sich den Knöchel und geht mit dem Jüngsten aus der Blutlinie der Stormhold-könige auf Reisen, während böse Hexen dem Sternenmädchen das Herz herausreißen wollen, um ewig zu leben.

ZUTATEN
ERGIBT 12 BRÖTCHEN

VORBEREITUNG 10 MINUTEN ZUBEREITUNG 10–15 MINUTEN RUHEN LASSEN 3 STUNDEN

400 g Mehl, gesiebt
50 g Sultaninen
50 g Rosinen
1 TL Salz
7 g frische Hefe
2 Eier
1 EL Honig
60 g griechischer Joghurt
250 ml Milch

- Das gesiebte Mehl, die Sultaninen, Rosinen und das Salz in einer großen Schüssel vermischen. Die Hefe dazugeben und alles vermengen. In der Mitte eine Mulde formen und Eier, Honig, Joghurt und schließlich die Milch hineingeben. Kneten, bis ein glatter Teig entstanden ist.
- Mit einem Küchentuch bedecken und an einem warmen Ort (neben einer Heizung, im Bad ...) 2 Stunden und 30 Minuten gehen lassen, bis der Teig sein Volumen verdoppelt hat.
- Später den Ofen auf 210 °C vorheizen und ein Backblech mit Backpapier auslegen.
- Den Teig noch einmal 1 Minute lang kneten, dann in 12 Stücke aufteilen. Die Brötchen auf das Backblech legen, dabei viel Platz dazwischen lassen, damit sie beim Backen aufgehen können. Mit Milch bestreichen und in 10–15 Minuten goldbraun backen.
- So lange wie möglich abkühlen lassen, dann genießen, während ihr den Feuerschluckern zuseht ...

ALICE IM WUNDERLAND

„ISS-MICH"-KEKSE

Solltet ihr zufällig einmal zu groß sein, um durch eine Tür zu passen, oder zu klein, um an den Schlüssel heranzukommen, der auf dem Tisch liegt, dann versucht es einmal mit diesen Keksen aus Lewis Carrolls zauberhafter Geschichte. Aber seid vorsichtig! Während die eine Seite euch größer macht, wird euch die andere schrumpfen lassen. Welche Seite sollt ihr nur essen? Das müsst ihr schon selbst herausfinden.

ZUTATEN
ERGIBT 20 KEKSE

1 Bioorange
175 g weiche Butter
75 g Kristallzucker
+ 1–2 EL
125 g Mehl
100 g Speisestärke

VORBEREITUNG: **10 MINUTEN** ZUBEREITUNG: **45 MINUTEN** RUHEN LASSEN: **15 MINUTEN** KÜHL STELLEN: **30 MINUTEN**

- Die Orange in einem Meer aus Tränen abspülen, dann die Schale entfernen und in kleine Stücke schneiden (oder in größere, je nachdem, wonach euch zumute ist). Eine quadratische Backform mit einer Kantenlänge von etwa 16 Zentimetern mit Backpapier auslegen.
- In einer großen Schüssel, aus der ihr alle Eidechsen und Dodos herausgeschüttelt habt, Butter und 75 Gramm Zucker verschlagen, bis eine luftige Masse entsteht. Orangenschale dazugeben und erneut rühren. Mehl und Speisestärke hineinsieben und noch einmal vermengen, bis ein glatter Teig entstanden ist. Den Teig in die Backform geben, gleichmäßig verteilen und mit dem Schwert einer der Wachen (oder mit einer Gabel) einstechen. Dann 30 Minuten ruhen lassen.
- Den Ofen auf 150 °C vorheizen.
- Den Teig für 45 Minuten in den Ofen schieben, sodass er eine schöne goldbraune Farbe annimmt. Mit 1 oder 2 Esslöffeln Zucker bestreuen, dann mit einem Messer aus der Form lösen. Die Kekse aber noch nicht aus der Form nehmen, sondern vollständig abkühlen lassen (etwa 15 Minuten).
- Die Kekse mitsamt dem Backpapier aus der Form heben und auf einen Teller gleiten lassen. In Quadrate schneiden.

ALICE IM WUNDERLAND

GRINSEKATZENZUNGEN

Die geheimnisvolle Grinsekatze liebt Rätsel und ist ein unverbesserlicher Witzbold, außerdem taucht sie auf und verschwindet wieder, ganz wie es ihr beliebt. Zurück bleibt nur ihr mysteriöses Grinsen auf einem Ast (oder auf dem Kopf der Herzkönigin). Wo wird dieses Grinsen als Nächstes erscheinen?

ZUTATEN
ERGIBT 8 ZUNGEN

125 g weiche Butter
130 g Vanillezucker
100 g Mehl
4 Eiweiß, etwa 130 g
1 Prise Salz

VORBEREITUNG: **10 MINUTEN** ZUBEREITUNG: **10 MINUTEN** RUHEN LASSEN: **30 MINUTEN**

- Den Ofen auf 180 °C vorheizen und ein Backblech mit Backpapier auslegen.
- In einer Schüssel Butter und Vanillezucker verschlagen, bis eine luftige Masse entsteht, dann das Mehl hineinsieben und langsam unterheben. In einer anderen Schüssel das Eiweiß mit 1 Prise Salz steif schlagen, bis feste Spitzen entstehen. Das Eiweiß vorsichtig unter die Mehlmischung heben, dabei so viel Luft wie möglich in den Teig bringen.
- Den Teig in einen Spritzbeutel oder einen Gefrierbeutel füllen, von dem ihr eine Ecke abgeschnitten habt.
- Das Backblech vor euch legen und Teigzungen auf das Blech spritzen, die etwa eine halbe Pfotenlänge (6 Zentimeter) lang und zwei Krallenlängen (2 Zentimeter) breit sind. Dabei genug Platz zwischen den Zungen lassen, da sie beim Backen aufgehen.
- Für etwa 10 Minuten in den Ofen schieben, bis die *Langues de Chat* in der Mitte blassgolden und an den Enden goldbraun sind. Abkühlen lassen und dann nach Belieben zum Verschwinden bringen!

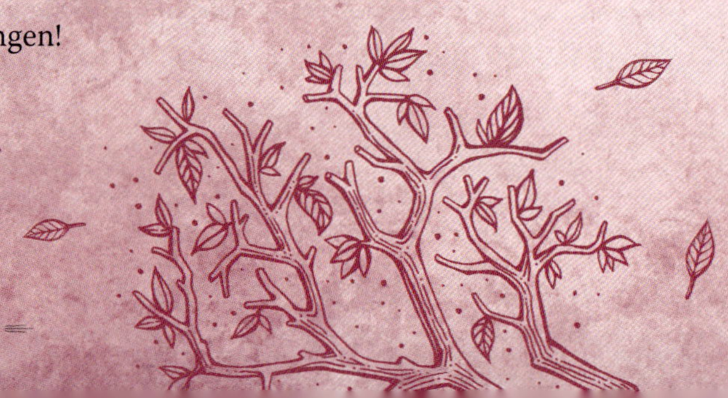

VAMPIRE DIARIES

MYSTIC-FALLS-PFIRSICHCROISSANTS

Dieses Rezept stammt noch aus der Zeit der Gründerfamilien, und immer noch wird in Mystic Falls danach gebacken. Man kann diese Gebäckteilchen im Mystic Grill kosten, gemeinsam mit ein paar Freunden, ganz egal, ob es Vampire, Werwölfe, Zauberer, Jäger … oder friedliche Stadtbewohner sind.

ZUTATEN
REICHT FÜR 4 PERSONEN

VORBEREITUNG **15 MINUTEN** / ZUBEREITUNG **30–40 MINUTEN**

- 2 Pfirsiche
- 1 Dose fertiger Croissantteig
- 250 ml Orangensaft
- Saft von 1 Zitrone
- 1 TL gemahlener Zimt
- 100 g dunkelbrauner Zucker
- 1 Vanilleschote

- Den Ofen auf 180 °C vorheizen.
- Die Pfirsiche blanchieren und schälen, dann in 6 Stücke schneiden. Den Croissantteig ausrollen und jedes Croissant wie auf der Packung beschrieben ausschneiden. Dann 2 oder 3 Pfirsichstücke auf die breiteste Teigstelle legen, die Croissants zusammenrollen und beiseitelegen.
- Orangen- und Zitronensaft in eine Backform mit einer Kantenlänge von etwa 25 Zentimetern gießen. In einer Schüssel Zimt und Zucker mischen. Die Vanilleschote der Länge nach aufschneiden, das Mark mit einer Messerspitze herauskratzen und in die Schüssel geben.
- Die Croissants in die Saftmischung in der Backform legen, dann mit der Zimt-Zucker-Mischung bestreuen.
- Für 30–40 Minuten in den Ofen schieben, bis die Croissants aufgehen und goldbraun werden.

HARRY POTTER

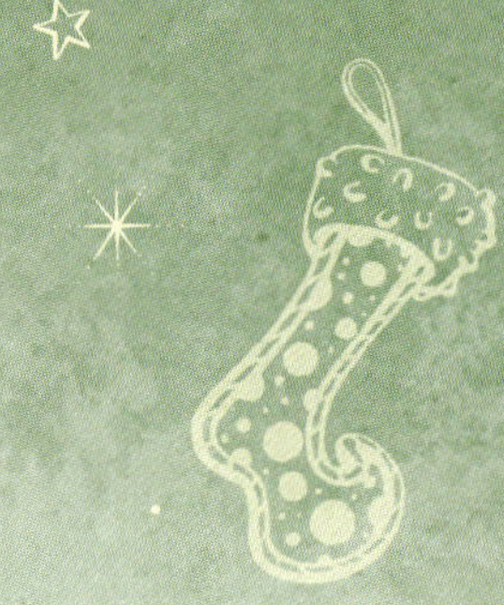

DOBBYS KEKSE

Es wäre kein richtiges Weihnachten in Hogwarts, wenn die Hauselfen nicht diese köstlichen Kekse für alle zubereiteten. Dobby gibt ihnen die Form einer Socke, um seinem Freund Harry Potter, der ihn aus den Diensten der Familie Malfoy befreit hat, indem er ihm eine Socke zukommen ließ.

ZUTATEN
ERGIBT 25 KEKSE

VORBEREITUNG: **10 MINUTEN** ZUBEREITUNG: **30 MINUTEN** RUHEN LASSEN: **30 MINUTEN** KÜHL STELLEN: **30 MINUTEN**

1 Ei
125 g Kristallzucker
1 TL Vanilleextrakt
250 g Mehl + etwas mehr für die Arbeitsfläche
1 Prise Salz
125 g weiche Butter
1 Glas eurer Lieblingsmarmelade

DEKORATION

Ganz nach Laune:
1 EL Puderzucker
2 EL bunte Streusel (Zuckerweihnachtsbäume und so weiter)

- In einer Backform mit einer Kantenlänge von etwa 25 Zentimeter Ei und Zucker verschlagen, bis die Mischung hell ist, dann das Vanilleextrakt, das gesiebte Mehl, Salz und Butter dazugeben und einarbeiten. Den Teig zu einem Ball zusammenrollen und in Frischhaltefolie wickeln. Für 30 Minuten in den Kühlschrank legen.
- Den Ofen auf 180 °C vorheizen.
- Den Teig auf einer leicht bemehlten Arbeitsfläche 2–3 Millimeter dick ausrollen. Zum Ausstechen der Kekse braucht ihr zwei Plätzchenausstecher in Form von Socken, die ihr euch gegebenenfalls aus Karton bastelt. Zunächst mit dem größeren Ausstechförmchen 25 Socken ausstechen, auf ein mit Backpapier ausgelegtes Backblech legen und 10–15 Minuten lang backen. Wenn die Kekse gerade goldbraun werden, die Drachenlederhandschuhe überziehen und die Sockenkekse aus dem Ofen holen. Mitsamt dem Backpapier auf einen Gitterrost geben und abkühlen lassen.
- Während die erste Portion bäckt, 25 weitere Socken ausstechen und mithilfe des kleineren Plätzchenausstechers kleine Socken aus den größeren Socken ausstechen. Mit dem übrig gebliebenen Teig weitere Kekse herstellen. Die „leeren" Socken auf ein anderes mit Backpapier ausgelegtes Backblech legen und genauso backen wie die erste Portion.
- Sobald die Sockenkekse abgekühlt sind, vom Backpapier nehmen. 1 Löffel Marmelade auf die ganzen Socken geben und die leeren Socken darauflegen. Ganz nach Geschmack mit Glasursprengseln, Puderzucker oder kleinen Zuckerweihnachtsbäumen dekorieren, dann mit Freunden genießen.

NOSTRADAMUS

NAVETTES

Navettes werden in Frankreich an Lichtmess zubereitet. Sie bringen Glück und dienen, wenn man sie mit Kerzen zusammen aufbewahrt, als Talismane gegen Blitzschlag und Feuer. Aber wer die Navettes vor den Händen gieriger Naschmäuler schützen will, muss schon ziemlich clever sein.

ZUTATEN
ERGIBT 15 KEKSE

500 g Mehl
200 g Kristallzucker
3 Prisen Salz
2 Eier
50 ml Olivenöl
1–2 EL Orangenblütenwasser, nach Belieben
Milch zum Glasieren

VORBEREITUNG: **10 MINUTEN** ZUBEREITUNG: **15–20 MINUTEN** RUHEN LASSEN: **1 STUNDE**

- Wenn die Sonne hoch am Himmel steht und die Schatten unter die Bäume flüchten, dann siebt das Mehl in eine Schüssel. Gebt Zucker und Salz dazu und vermischt alles. Dann kommen nacheinander die Eier hinein, gefolgt vom Olivenöl und dem Orangenblütenwasser.
- Alles vermengen, bis ein glatter und köstlich duftender Ball entstanden ist. In ein sauberes Küchentuch wickeln und 1 Stunde ruhen lassen.
- Den Ofen auf 180 °C vorheizen.
- Den Teig in Stücke teilen, die etwa so breit und so lang wie der Finger eines Erwachsenen sind. Vorsichtig in der Mitte platt drücken und so ein kleines Boot formen und mit ein bisschen Milch bestreichen. Für 15–20 Minuten in den Ofen schieben, gerade so lange, bis die Navettes eine schöne goldbraune Farbe annehmen.
- Die Navettes abkühlen lassen, wenn ihr könnt, und dann angemessen hemmungslos genießen.

DER NUSSKNACKER

PFEFFERNÜSSE AUS DEM SÜSSIGKEITENLAND

Als Clara von ihrem Paten Droßelmeyer einen seltsamen Nussknacker geschenkt bekommt, ahnt sie nicht im Ansatz, zu welch wundersamen Abenteuern er sie führen wird. Dies hier sind die stärkenden kleinen Kekse, die sie an diesem unvergesslichen Weihnachtstag im Zauberschloss im Süßigkeitenland genießt.

ZUTATEN
ERGIBT 30 KEKSE

2 Koriandersamen
1 Zimtstange
1 Nelke
1 Kardamomkapsel
1 Prise frisch geriebene Muskatnuss
1 Prise weißer Pfeffer
250 g Wildblütenhonig
150 g Kristallzucker
2 Eier
1 Päckchen Trockenhefe
1 TL Backpulver
500 g Mehl
50 g Puderzucker

VORBEREITUNG: **30 MINUTEN** ZUBEREITUNG: **15–20 MINUTEN**

- Während Clara auf Droßelmeyers Geschenk wartet, legt mehrere Backbleche mit Backpapier aus. Heizt den Ofen auf 180 °C vor und schiebt die Bleche auf mittlerer Höhe in den Ofen.
- Die Gewürze in einem Mörser fein zerreiben. (Natürlich kann man genauso gut gleich Pulvergewürze verwenden, aber das Ergebnis wäre dann nicht dasselbe: Das ist der Unterschied zwischen gewöhnlich und außergewöhnlich. Es gibt auch fertige Gewürzmischungen für Pfeffernüsse. Die kann man ebenso verwenden und einfach noch weißen Pfeffer hinzugeben.)
- Den Honig etwas erwärmen, damit er flüssig wird. Dann in eine große Schüssel gießen und Zucker, Eier, Hefe, Backpulver und Gewürze dazugeben und unterrühren. Das Mehl portionsweise hinzufügen, erst mit einem Küchenspachtel unterheben und dann, wenn der Teig zu dick wird, mit den Händen kneten, bis alle Zutaten gut vermengt sind. Kugeln mit einem Durchmesser von etwa 2 Zentimetern aus dem Teig formen. (Anmerkung: Diesen Teil kann man wunderbar an Kinder abgeben, die werden begeistert sein.) Die Kugeln auf die Backbleche legen und genug Platz zwischen den Kugeln lassen, damit sie beim Backen aufgehen können.
- Ein Auge auf die Kinder haben, während sie mit ihren Geschenken spielen, und die Pfeffernüsse in 15–20 Minuten goldbraun backen. Aus dem Ofen holen, auf einen Gitterrost legen und mit einer Mischung aus dem Puderzucker und ein paar Tropfen Wasser bestreichen, solange sie noch warm sind. So härtet die Glasur schnell aus.

MRS CRATCHITS TÖRTCHEN DER ZUKÜNFTIGEN WEIHNACHT

Ihr winziges Haus birst fast vor Freude und Liebe, als die Familie Cratchit mit einem unglaublich freundlichen Ebenezer Scrooge (ja, wirklich!) Weihnachten feiert. Er heckt mit Tiny Tim allerlei Scherze aus, der dieser Tage ohne seine Krücken laufen kann.

ZUTATEN
ERGIBT 24 TÖRTCHEN

VORBEREITUNG: 15 MINUTEN ZUBEREITUNG: 15–20 MINUTEN KÜHLSTELLEN: 30 MINUTEN

300 g Mehl + ein bisschen mehr für die Arbeitsfläche
30 g gemahlene Mandeln
170 g Butter, in kleine Stücke geschnitten
80 g Kristallzucker
Schale von 1 Biozitrone
1 Ei
3 EL Milch + ein bisschen mehr zum Glasieren
1 Glas Mincemeat
2 EL Puderzucker zum Verzieren

- Das Mehl in eine Backform mit einer Kantenlänge von etwa 25 Zentimetern sieben, gemahlene Mandeln und Butter dazugeben. Vermengen, indem ihr die Mischung zwischen den Händen reibt. Zucker und Zitronenschale dazugeben und weiter zwischen den Fingern vermengen, bis eine sandige Konsistenz entstanden ist.
- In einer Schüssel das Ei mit der Milch verschlagen, dann zur Mehlmischung geben und verkneten, bis ihr einen glatten und homogenen Teig habt. Den Teig zu einer Kugel zusammenrollen, in Frischhaltefolie wickeln und für 30 Minuten in den Kühlschrank legen.
- Den Ofen auf 200 °C vorheizen.
- Den Teig auf einer leicht bemehlten Arbeitsfläche ausrollen und mit einem Plätzchenausstecher oder einem Glas 48 runde Plätzchen ausstechen.
- In jede der 24 Mulden eines großen Muffinblechs eines der Plätzchen legen und 1 Teelöffel Mincemeat daraufgeben. Aus den übrigen 24 Plätzchen mit einem weiteren Plätzchenausstecher eine Form eurer Wahl ausstechen. Die Plätzchen auf das Micemeat legen. Diese Deckelplätzchen sollten etwas größer sein als der Durchmesser der Muffinmulde, weil sie beim Backen etwas zusammenschrumpfen. Mit Milch bestreichen und 15–20 Minuten lang backen. Die Törtchen abkühlen lassen, mit Puderzucker bestreuen und genießen.

DUNGEONS & DRAGONS

ZITRONENBISKUIT AUS DEN SÜDLICHEN STÄDTEN

Dieser Zitronenbiskuit ist ein wohlbekanntes Dessert an der königlichen Tafel der Südküste, und er ist deshalb so berühmt, weil man ihn über weite Strecken mit auf Reisen nehmen kann, ohne dass er seine Köstlichkeit einbüßt. Das macht ihn zum perfekten Geschenk, um seine Nächsten zu ehren – oder diskret zu vergiften. Bei den Prinzen des Südens kann man nie wissen.

ZUTATEN
ERGIBT 8 BISKUITS

3 Biozitronen
100 g weiche Butter
175 g Kristallzucker
2 Eier
175 g Mehl
½ TL Backpulver
100 ml Milch
3 EL Puderzucker

VORBEREITUNG: **10 MINUTEN** ZUBEREITUNG: **1 STUNDE** RUHEN LASSEN: **30 MINUTEN**

- Den Ofen auf 170 °C vorheizen.
- Die Zitronen abspülen. 2 davon schälen und die Schale in feine Streifen schneiden. Die 3 Zitronen auspressen und den Saft aufbewahren.
- Butter und Zucker verschlagen, dann nacheinander die Eier hinzufügen, nach jedem Ei gründlich rühren. Zitronenschale, Mehl, Backpulver und Milch dazugeben und gründlich mischen. 8 Backförmchen zu zwei Dritteln mit dem Teig füllen und 1 Stunde lang backen.
- Jedes Küchlein mit einem scharfen Messer einstechen: Die Klinge sollte sauber wieder herauskommen. Das Messer weitere drei bis vier Mal in die Küchlein stechen, damit der Biskuit saugfähig wird.
- Puderzucker mit Zitronensaft verrühren und den Sirup über die Biskuittörtchen träufeln.
- Warten, bis die Törtchen vollständig ausgekühlt sind, dann aus den Förmchen nehmen und an einem lieblich plätschernden Springbrunnen genießen.

GHOSTBUSTERS

NEW YORKER KEKSE

Die Ghostbustertruppe verbringt sehr viel Zeit damit, hinter Slimer herzujagen, dem glibberigen grünen Geist, der überall eklige Schleimspuren hinterlässt. Als er den Verlockungen eines New Yorker Foodtrucks nicht widerstehen kann, können die Ghostbusters dieses Naschmaul der besonderen Art endlich schnappen.

ZUTATEN
ERGIBT 25 KEKSE

75 g Schokolade
150 g Mehl
1 Prise Salz
1 Prise Backpulver
100 g weiche Butter
100 g brauner Zucker
1 Ei

VORBEREITUNG: **10 MINUTEN** ZUBEREITUNG: **10–12 MINUTEN** RUHEN LASSEN: **15 MINUTEN**

- Den Ofen auf 180 °C vorheizen. In der Zwischenzeit die Protonenstrahler wieder aufladen und ein Backblech mit Backpapier auslegen.
- Schutzbrille überziehen und die Schokolade klein brechen.
- Eine Schüssel ohne Schleimspuren finden und darin Mehl, Salz und Backpulver mischen. In einer anderen, mehr oder weniger ionisierten Schüssel die Butter und den braunen Zucker verschlagen, bis die Mischung hellgolden und luftig ist. Dann das Ei hinzufügen und noch einmal gründlich rühren. Die Mischung zu den trockenen Zutaten geben. Alles vermengen und die Schokolade hinzugeben.
- Mit eurem Lieblingsektoplasmalöffel kleine Teigportionen auf das Backpapier löffeln, dabei genug Abstand zwischen den Plätzchen lassen, damit die Kekse auf einen Durchmesser von 5 Zentimetern aufgehen können.
- Die Kekse für 10–12 Minuten in den Ofen schieben, danach 15 Minuten abkühlen lassen und dann genießen und die Geister dorthin zurückschicken, wo sie hergekommen sind.

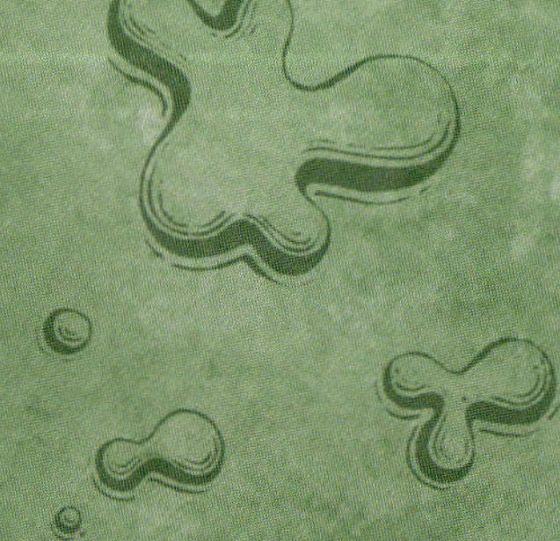

GHOSTBUSTERS

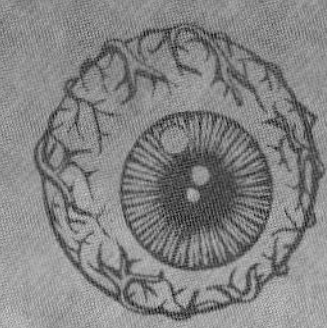

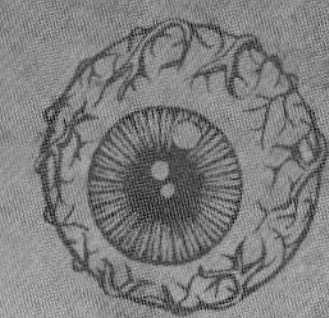

MARSHMALLOWMANN-CUPCAKES

Bevor ihr mit diesem Rezept beginnt, bewaffnet euch mit einem Schleimbläser, der könnte ganz nützlich sein, falls eine der Zutaten versucht, euch festzukleben. Die zweite sehr wichtige Empfehlung, bevor ihr es mit diesen Marshmallowmännern aufnehmt, lautet: Kreuzt niemals die Strahlen mit einem anderen Protonstrahler. Das wäre richtig übel.

ZUTATEN
ERGIBT 6 CUPCAKES

6 Litschis
2 Eier
60 g Kristallzucker
75 g Mehl
¾ TL Backpulver
60 g Butter
40 ml Milch

TOPPING:

300 g Frischkäse
120 g Puderzucker
Saft von ½ Zitrone

VERZIERUNG:

100 g blaue Zuckerpaste
50 g weiße Zuckerpaste
6 Marshmallows
Zuckerstifte

VORBEREITUNG: **20 MINUTEN** ZUBEREITUNG: **15 MINUTEN** RUHEN LASSEN: **30 MINUTEN**

- Den Ofen auf 180 °C vorheizen.
- Die Litschis entkernen und vierteln. Die Eier in eine Schüssel schlagen und den Zucker dazugeben. Mit einem Schneebesen kräftig schlagen, bis eine helle Creme entsteht. Mehl und Backpulver dazugeben und weiterschlagen.
- Butter in eine kleine Schüssel geben und 30 Sekunden in der Mikrowelle schmelzen.
- Geschmolzene Butter, Milch und Litschis in die Masse geben und gründlich unterrühren. Den Teig in eine mit Cupcakepapierchen ausgelegte Cupcakeform geben und 15 Minuten lang backen. Abkühlen lassen.
- Das Topping zubereiten. In einer kleinen Schüssel Frischkäse, Puderzucker und Zitronensaft verrühren. Mit einem Mixer auf hoher Stufe schlagen, bis eine recht feste Creme entstanden ist. Das Frosting zum Dekorieren in einen Spritzbeutel füllen.
- Mit der Zuckerpaste kleine Hüte und Halstücher formen. Die Cupcakes mit der Creme aus dem Spritzbeutel überziehen. Dann die Hüte und Halstücher sowie die Marshmallows darauf arrangieren. Die Marshmallows sind die Köpfe. Am Schluss mit den Zuckerstiften ein Gesicht auf die Marshmallows zeichnen.

GREMLINS

GREMLINRIEGEL

Im ersten der Gremlins*-Filme zerstören die kleinen Monster am Weihnachtsabend die nicht mehr ganz so friedliche Kleinstadt Kingston Falls. Ihr Streifzug führt sie zum Kino, wo sie sich* Schneewittchen *ansehen und einen Mordsspaß haben. Dabei futtern sie Schokoladensüßigkeiten, die sie aus den Geschäften in der Nähe gestohlen haben.*

ZUTATEN
ERGIBT 20 RIEGEL

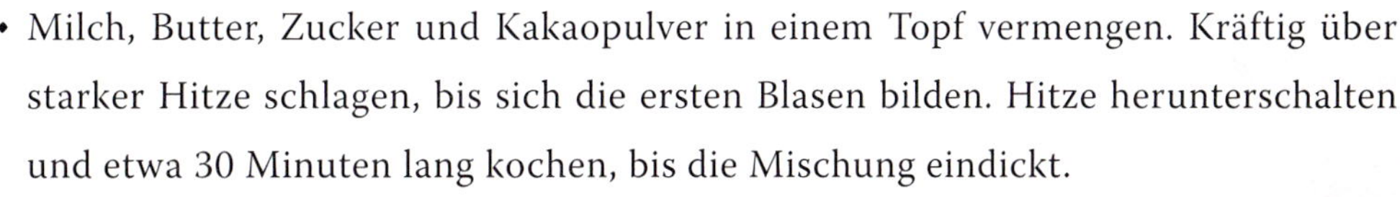

VORBEREITUNG: **10 MINUTEN** ZUBEREITUNG: **30 MINUTEN** RUHEN LASSEN: **1 STUNDE**

200 ml Vollmilch
125 g Butter
750 g Kristallzucker
4 EL ungesüßtes Kakaopulver
60 g Erdnüsse
1 EL neutral schmeckendes Öl

- Milch, Butter, Zucker und Kakaopulver in einem Topf vermengen. Kräftig über starker Hitze schlagen, bis sich die ersten Blasen bilden. Hitze herunterschalten und etwa 30 Minuten lang kochen, bis die Mischung eindickt.
- Den Topf vom Herd nehmen und abkühlen lassen, während ihr die Erdnüsse grob zerkleinert. Zur Mischung geben und erneut rühren.
- Ein Backblech mit Backpapier auslegen und mit einem Pinsel das Öl darauf verstreichen. Die Mischung daraufgeben, etwa so dick wie eine Gremlinhand (2 Zentimeter), glatt streichen und mindestens 1 Stunde ruhen lassen.
- Dann die Masse mit eurem bevorzugten Schneide-, Säge- oder Schlitzwerkzeug in Riegel schneiden (aber bitte seid vorsichtig dabei), deren Größe ganz eurem Appetit entspricht.

CHARMED – ZAUBERHAFTE HEXEN

PAIGES TÖRTCHEN

Es ist nicht immer leicht, die geheime Tochter einer mächtigen Hexe und eines Schutzengels zu sein, besonders nicht, wenn man gleichzeitig eine Zauberschule leiten und es mit den Mächten des Bösen aufnehmen soll. Geht es mal wieder heiß her, nascht Paige deshalb gern diese Törtchen. Die Jenkins-Schwestern können warten.

ZUTATEN
REICHT FÜR 6–8 PERSONEN

VORBEREITUNG: **40 MINUTEN** ZUBEREITUNG: **40–45 MINUTEN** KÜHL STELLEN: **1 STUNDE**

TEIG

100 g weiche Butter
100 g Puderzucker
200 g Mehl + ein bisschen mehr für die Arbeitsfläche
1 Prise Salz
1 Ei

FÜLLUNG

50 g Butter
2 Eier
1 Vanilleschote
150 g brauner Zucker
150 ml Ahornsirup
200 g ungesalzene Pekannüsse
1 kleine Packung Vanilleeiscreme, optional

- Den Teig zubereiten, solange der Tag noch jung ist. Butter und Puderzucker verschlagen, bis eine luftige Creme entstanden ist, dann Mehl hineinsieben und Salz dazugeben. Das Ei mit einer Gabel verschlagen und die Hälfte des Eis zum Teig geben. Den Rest für die Füllung aufbewahren. Den Teig kneten, eine Kugel formen und in Frischhaltefolie einwickeln. Für 1 Stunde in den Kühlschrank legen.
- Ein bisschen mit euren Schwestern quatschen, dann den Ofen auf 200 °C vorheizen. Die Butter bei schwacher Hitze schmelzen. Dann die Eier in eine Schüssel schlagen, dass aufbewahrte halbe Ei hineingeben und alles mit einer Gabel verschlagen.
- Die Vanilleschote der Länge nach aufschneiden und das Mark herausschaben. Vanillemark, Zucker und Ahornsirup zu den Eiern geben, dann die geschmolzene Butter dazugießen. Gründlich vermengen und beiseitestellen.
- Die Hälfte der Pekannüsse grob zerkleinern und zur Mischung geben. Die Törtchenformen auf der Arbeitsfläche so nah nebeneinanderstellen, dass ihr sie alle auf einmal mit dem Teig füllen könnt. Den Teig ausrollen, über die Förmchen legen und den überschüssigen Teig abschneiden. Die Füllung hineinlöffeln, glatt streichen und mit den ganzen Pekannüssen belegen. Lasst eurer Fantasie dabei freien Lauf.
- Für 35–40 Minuten in den Ofen schieben. Die Törtchen aus dem Ofen nehmen und abkühlen lassen, während ihr schon mal die Eiscreme in Schüsseln verteilt. Warnung: Diese Törtchen können süchtig machen.

CHARMED – ZAUBERHAFTE HEXEN

PIPERS KÜRBISHAPPEN

Dies hier ist ein ganz besonderes Dessert von Piper Halliwell, einer der meistgeschätzten Köchinnen in San Francisco. Dazu muss gesagt werden, dass ihre Fähigkeit, Moleküle einzufrieren, in der Küche extrem hilfreich ist. So kann sie alle Zutaten perfekt miteinander verbinden, und das Ergebnis ist einfach köstlich.

ZUTATEN
ERGIBT 12 MINIMUFFINS ODER 4 MUFFINS

- 80 g Mehl
- 1 Prise gemahlener Zimt + etwas mehr zum Verzieren
- 1 Prise Salz
- ½ TL Backpulver
- 1 Prise Backsoda
- 400 g Kürbispüree
- 100 g Kristallzucker
- 2 Eier
- 150 ml ungesüßte Kondensmilch
- 1 Becher Schlagsahne, steif geschlagen

VORBEREITUNG: **10 MINUTEN** ZUBEREITUNG: **40 MINUTEN** RUHEN LASSEN: **1 STUNDE UND 20 MINUTEN**

- Den Ofen auf 180 °C vorheizen.
- Mehl in eine große Schüssel sieben, Zimt, Salz, Backpulver und Backsoda dazugeben und vermischen. In einer anderen Schüssel Kürbispüree, Zucker, Eier und Kondensmilch vermengen. Die Mehlmischung unterrühren.
- Den Teig in Muffinformen gießen, die Mulden sollten zu zwei Dritteln gefüllt sein, dann für 40 Minuten in den Ofen schieben.
- Herausnehmen und 20 Minuten lang abkühlen lassen, dann die Kürbishäppchen aus den Formen nehmen und auf einem Teller vollständig abkühlen lassen (etwa 1 Stunde).
- Mit Schlagsahnehäubchen verzieren und eine Prise Zimt darüberstäuben – und schon könnt ihr es locker mit jedem Dämon aufnehmen.

CHARMED – ZAUBERHAFTE HEXEN

PHOEBES KEKSE

Als Phoebe aus Versehen ihre eigenen und die Kräfte ihrer Schwestern aktivierte, indem sie den ersten Spruch aus dem Buch der Schatten vorlas, da wusste sie – trotz ihrer Fähigkeit, in die Zukunft zu sehen – nicht, dass sie gleichzeitig auch noch andere Fähigkeiten erhielt. Wie die Gabe, ganz besondere Kekse zu backen, die so köstlich sind, dass sie einen glatt vom Boden abheben lassen.

ZUTATEN
ERGIBT 20 KEKSE

70 g Trockenfrüchte
70 g kandierte Früchte
250 g weiche Butter
250 g brauner Zucker
1 TL Milch
2 Eier
300 g Mehl
1 Prise Backpulver

VORBEREITUNG: 10 MINUTEN ZUBEREITUNG: 10 MINUTEN RUHEN LASSEN: 30 MINUTEN

- Den Ofen auf 180 °C vorheizen und ein Backblech mit Backpapier auslegen.
- Schnappt euch euren Lieblingszeremoniendolch und schneidet die Trockenfrüchte und die kandierten Früchte in kleine Würfel mit einer Kantenlänge von etwa 1 Zentimeter. Butter, Zucker und Milch dazugeben, dann nacheinander die Eier hineinschlagen. Nach jeder neuen Zutat gründlich mischen. Langsam Mehl und Backpulver hineinsieben.
- Mit einem Löffel kleine Teigbällchen auf das Backpapier geben und dabei genug Platz dazwischen lassen, damit sie beim Backen aufgehen können.
- Für 10 Minuten in den Ofen schieben und dann so lange wie möglich widerstehen, bevor ihr sie probiert.

DIE CHRONIKEN VON NARNIA

ZENTAURENPLÄTZCHEN

Als Zentaur muss man sich sowohl um seinen menschlichen als auch um seinen Pferdemagen kümmern. Genau das ist der Grund dafür, dass Narnias Zentauren – besonders während des Kriegsrats in Prinz Kaspian von Narnia *– so gern diese Kekse futtern, die alle Bedürfnisse ihrer beiden Naturen zufriedenstellen.*

ZUTATEN
ERGIBT 20 KEKSE

VORBEREITUNG: 15 MINUTEN ZUBEREITUNG: 10 MINUTEN RUHEN LASSEN: 10 MINUTEN

1 Apfel
110 g weiche Butter
175 g Honig
1 Ei
90 g Mehl
3–4 Prisen Backpulver
½ TL gemahlener Zimt
130 g Haferflocken

- Den Apfel abspülen, schälen und entkernen, dann fein würfeln. Die Würfel in eine Schüssel mit Wasser legen, damit sie nicht an der Luft braun werden.
- Den Ofen auf 180 °C vorheizen und ein Backblech mit Backpapier auslegen.
- In einer großen Schüssel Butter, Honig und das Ei gründlich verschlagen. Dann Mehl und Backpulver hineinsieben. Zimt, Haferflocken und die Apfelwürfel (nachdem ihr sie abgetrocknet habt) dazugeben. Erneut gründlich mischen.
- Mit einem kleinen Löffel Teigbällchen auf das Backpapier geben, dabei ausreichend Platz dazwischen lassen.
- Für etwa 10 Minuten in den Ofen schieben, dann 10 Minuten abkühlen lassen, bevor ihr die Kekse vom Backpapier löst. Stürzt euch nicht gleich darauf, wie ein ausgehungerter Zentaur. Versucht, ein wenig Geduld aufzubringen, bevor ihr euch eine gute Tasse Tee oder was auch immer dazu macht und die Kekse genießt.

MAGIC – THE GATHERING

MANAKEKSE

Wenn man an einem Magic-Turnier teilnimmt, sollte man gut vorbereitet sein. Stellt ein mächtiges Deck zusammen, das eure Widersacher dem Erdboden gleichmachen wird, aber vergesst dabei nicht, euch Proviant mitzubringen, den ihr zwischen den Matches genießen könnt! Schnappt euch eure Frühstücksbox und füllt sie mit diesen kleinen Keksen in den Manafarben.

ZUTATEN
ERGIBT 20 KEKSE

VORBEREITUNG: 20 MINUTEN ZUBEREITUNG: 15 MINUTEN RUHEN LASSEN: 15 MINUTEN KÜHL STELLEN: 30 MINUTEN

170 g Butter
2 Prisen Vanillepulver
2 Prisen Sternanispulver
2 Prisen gemahlener Zimt
200 g Kristallzucker
1 Ei + 1 Eigelb
340 g Mehl
Lebensmittelfarbe in Pulverform (blau, rot, grün, schwarz)

- Butter und Gewürze in einen Topf geben. Erhitzen, bis die Butter bräunt.
- In einer Schüssel braune Butter mit Zucker, dem ganzen Ei, dem Eigelb und dem Mehl vermengen. Mit den Händen kräftig kneten, bis ein homogener Teig entstanden ist.
- Den Teig auf fünf Schüsseln aufteilen. In die erste Schüssel ein paar Prisen blauer Lebensmittelfarbe geben und gründlich kneten, bis sich die Farbe gleichmäßig verteilt hat. Mit den anderen Farben und den übrigen Teigteilen so fortfahren, das letzte Teigstück ungefärbt lassen.
- Die Teige für 30 Minuten in den Kühlschrank legen.
- Den Ofen auf 180 °C vorheizen.
- Mit einer Kuchenrolle jedes Teigstück etwa 5 Millimeter dick ausrollen. Mit einem runden Plätzchenausstecher Kekse ausstechen. Mit der Spitze eines Messers die Initialen jeder Manafarbe auf die dazu passenden Kekse ritzen. Für 10 Minuten in den Ofen schieben, abkühlen lassen und dann nach Herzenslust naschen.

PETER PAN

BRIOCHE DER VERLORENEN JUNGS

Die verlorenen Jungs leben zwar auf einer Insel mit selbstverliebten Meerjungfrauen, einem tickenden Krokodil und dem legendären Captain Hook, aber sie würden niemals ihren Nachmittagstee mit Tinkerbell vergessen! Niemals!

ZUTATEN
REICHT FÜR 4 PERSONEN

2 EL Butter
4 Ananasscheiben
2 Eier
60 g Vanillezucker
250 ml Milch
4 Scheiben altbackene Brioche

VORBEREITUNG: **5 MINUTEN** ZUBEREITUNG: **20 MINUTEN**

- Nutzt einen Geheimgang zum Baumversteck und macht euch auf den Weg zur Küche. 1 Esslöffel Butter in einer Pfanne schmelzen, dann Ananasscheiben hineingeben und 5 Minuten auf jeder Seite braten, bis sie karamellisieren und ihr anfangt, euch die Lippen zu lecken. Beiseitestellen.
- In einer einigermaßen sauberen Schüssel Eier mit Zucker und Milch verschlagen. Die Briochescheiben hineintauchen und gleichzeitig den zweiten Esslöffel Butter in der Pfanne schmelzen. Die Briochescheiben auf beiden Seiten goldbraun braten.
- Die Briochescheiben auf ein Küchentuch oder auf einen Teller legen, auf jede davon eine Ananasscheibe geben und das Tischtuch zu einem Bündel verknoten, bevor ihr es zu Peter tragt und das Mahl mit ihm auf dem Gipfel des Schädelfelsens genießt.

DIE UNENDLICHE GESCHICHTE

BASTIANS SANDWICHES

Als Bastian Baltasar Bux auf dem Dachboden seiner Schule die Unendliche Geschichte *aufschlägt, ahnt er nicht, dass dieses Buch sein Leben für immer verändern wird. Unter eine Decke gekuschelt beginnt er im Schein einer Kerze, das Buch mit den zwei Schlangen auf dem Einband zu lesen, vertilgt sein Nachmittagssandwich und nimmt an den Abenteuern von Atreyu und Falkor teil. Er lacht mit ihnen, bangt und isst mit ihnen. So kommt er der Geschichte immer und immer näher, bis er schließlich tatsächlich in das Buch eintritt …*

ZUTATEN
ERGIBT 4 SANDWICHES

- 8 Scheiben Vollkornbrot aus dem Gräsernen Meer
- 50 g von Morla erweichte Butter
- 4 Bananen aus dem Wald Perelín
- 150 g Schokolade (Milch- oder Zartbitterschokolade), extra für euch von der Rennschnecke geliefert

VORBEREITUNG: **5 MINUTEN** ZUBEREITUNG: **2 MINUTEN**

- Sobald ihr das Buch betreten habt, bittet Graógraman, den flammenden Löwen, euch beim Rösten der Brotscheiben zu helfen (es sei denn, ihr benutzt lieber einen Toaster oder eine Pfanne).
- Mit einem Messer und euren zwei großen Händen könnt ihr die Toastscheiben buttern und die Bananen schälen und in Scheiben schneiden. Legt die Bananenscheiben entsprechend den Mustern des Labyrinthgartens um den Elfenbeinturm auf die Toastscheiben, oder einem anderen Muster folgend, wenn ihr möchtet. Ach, macht einfach, was ihr wollt.
- Die Schokolade über die Bananen reiben, so wie Schnee auf die Berggipfel fällt, wo die vier Winde kämpfen. Die Sandwiches mit einer weiteren Scheibe Toast vervollständigen.
- Man sagt, diese Köstlichkeiten seien so verführerisch, dass nicht einmal das Südliche Orakel ihnen widerstehen kann … aber das ist eine andere Geschichte …

SHREK

KEKSE FÜR DEN LEBKUCHENMANN

Gingy, der Sohn des Muffinmanns, ist einer von Shreks Gefährten bei seinem großen Abenteuer. Mit der Hilfe seines großen Bruders Mongo befreit er Shrek, der von der Guten Fee im Königreich Weit Weit Weg gefangen gehalten wird.

ZUTATEN
ERGIBT 20 KEKSE

VORBEREITUNG: 10 MINUTEN ZUBEREITUNG: 20–25 MINUTEN KÜHLSTELLEN: 2 STUNDEN

1 Zimtstange
1 Nelke
2 Koriandersamen
1 Kardamomkapsel
frisch gemahlene Muskatnuss
1 Prise weißer Pfeffer
250 g Honig
150 g Kristallzucker
2 Eier
1 TL Backpulver
500 g Mehl + etwas mehr für die Arbeitsfläche

GLASUR UND DEKORATION

50 g Puderzucker
100 ml Zitronensaft
Lebensmittelfarben (nach Belieben)
Gummibonbons (oder Marshmallows)
Rosinen

- In der Wärme der Bäckerei des Muffinmanns belegt ihr ein Backblech mit Backpapier. Die Gewürze in einem Mörser fein mahlen (oder mit einem Holzknüppel in einer stabilen Schüssel). Beiseitestellen.
- Den Honig in einem kleinen Topf über schwacher Hitze erwärmen, bis er flüssig wird.
- In einer großen Schüssel Kristallzucker, Honig, Eier, Gewürze und Backpulver vermischen. Dann das Mehl hineinsieben. Mit einem Küchenspachtel gründlich vermengen, und wenn der Teig zu fest wird, mit den Händen weiterkneten, bis alle Zutaten verarbeitet sind. Den Teig mit Frischhaltefolie umwickeln und für 2 Stunden in den Kühlschrank legen.
- Den Ofen auf 180 °C vorheizen.
- Den Teig auf einer bemehlten Arbeitsfläche ausrollen, bis er so dick wie ein Koboldfuß ist (5 Millimeter). Mit einer Ausstechform oder einer aus Karton selbst gemachten Schablone Lebkuchenmänner ausstechen. Für 15–20 Minuten in den Ofen schieben.
- Die Glasur zubereiten, indem ihr den Puderzucker im Zitronensaft auflöst und, wenn ihr möchtet, Lebensmittelfarbe dazugebt. Die Glasur in einen Backpapierkegel füllen, die Spitze abschneiden und die Lebkuchenmänner nach Lust und Laune verzieren (passt auf, die Glasur wird sehr schnell hart). Aus den Gummibonbons werden die Jackenknöpfe und aus den Rosinen die Augen.

DER GRINCH

MINI-CHRISTMAS-PUDDING

In Whoville ist Weihnachten eine Institution, und jedes Jahr läuft jede Familie kreativ zu Hochtouren auf, um ein einzigartiges und freudenvolles Fest feiern zu können. Dies hier ist ein streng geheimes Rezept, das in Cindy Lous Familie schon seit Urzeiten von Generation zu Generation weitergegeben wird. Glaubt mir, es ist so wunderbar, dass es sogar das Herz eines griesgrämigen Grinchs erweichen kann.

ZUTATEN
REICHT FÜR 8 PERSONEN

250 g weiche Butter
250 g Kristallzucker
200 g Paniermehl
100 g geriebene Karotten
2 TL gemahlener Zimt
100 g Mehl
100 g Speisestärke
100 g Trockenfrüchte (Aprikosen, Datteln und so weiter)
Schale von 1 Bioorange
100 g Mandeln
200 g Rosinen
50 g Honig
2 Eier
200 ml Orangensaft
Puderzucker zum Verzieren

VORBEREITUNG: **20 MINUTEN** ZUBEREITUNG: **1 STUNDE**

- Den Ofen auf 150 °C vorheizen.
- In einer großen Schüssel Butter, Zucker, Paniermehl, Karotten und Zimt vermengen, dabei enthusiastisch euer Lieblingsweihnachtslied singen. Mehl und Speisestärke hineinsieben und gründlich unterrühren.
- Schneidet die Trockenfrüchte und die Orangenschale mit eleganten Bewegungen (das ist für das Gelingen dieses Rezepts unabdingbar!) in kleine Würfel. Die Mandeln grob zerkleinern und alles zusammen mit den Rosinen zu der Mehlmischung geben. Dann kommen Honig, Eier und Orangensaft dazu. Freudig (und voller Tatkraft) rühren. Dieser Schritt ist besonders wichtig, weil der Pudding nicht gelingt, wenn man beim Backen keine gute Laune hat.
- Eine Silikonform mit Canelémulden in eine tiefe, ofenfeste Form stellen und die Mulden mit dem Teig füllen. Dann Wasser in die Form gießen und die Puddings 1 Stunde lang im Wasserbad backen.
- Vor dem Servieren (warm oder kalt) mit Puderzucker bestreuen und den Moment genießen.

TWILIGHT

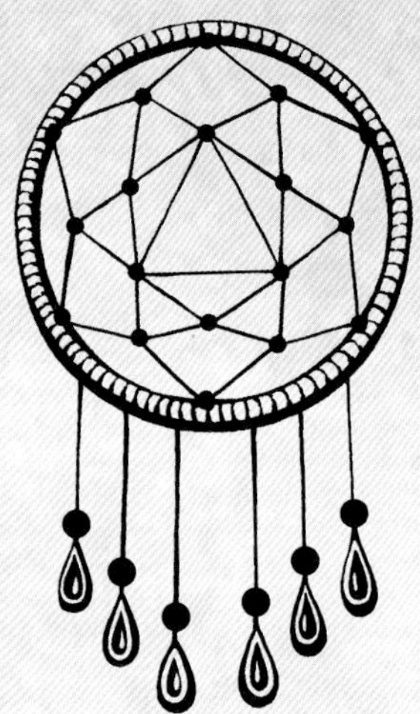

WOLFSMUFFINS

Nachdem Edward sie verlassen hat, ist Bella todtraurig (in einen Vampir verliebt man sich niemals nur ein bisschen). Sie sucht die tröstliche Nähe ihres indianischen Freundes Jacob und hört sich die Legenden seines Volkes an. So findet sie heraus, dass sich einige der jungen Männer des Stammes in Wölfe verwandeln, sobald die Vampire angreifen. Das hält die Wolfsmänner jedoch nicht davon ab, diese von Emily gebackenen Blaubeermuffins zu verschlingen.

ZUTATEN
ERGIBT 10–12 MUFFINS

100 g Mehl
1 TL Backpulver
100 g Speisestärke
150 g Kristallzucker
1 Prise Salz
1 Vanilleschote
1 Ei
100 ml Milch
80 ml neutral schmeckendes Öl (Traubenkernöl)
200 g gefrorene Blaubeeren

VORBEREITUNG: **10 MINUTEN** ZUBEREITUNG: **20 MINUTEN** RUHEN LASSEN: **30 MINUTEN**

- Den Ofen auf 180 °C vorheizen.
- Mehl, Backpulver und Speisestärke in eine große Schüssel sieben. Zucker und Salz dazugeben. Vanilleschote der Länge nach aufschneiden und das Mark mit einer Messerspitze herauskratzen. Zu der Mehlmischung geben und beiseitestellen.
- In einer anderen Schüssel das Ei, die Milch und das Öl verschlagen. Sobald alles gründlich vermischt ist, die flüssige Mischung zu den trockenen Zutaten geben. Mit einem Löffel so kurz und knapp wie möglich vermengen, damit die Muffins locker und luftig bleiben.
- Den Teig in die Mulden eines Muffinblechs geben, dabei die Mulden zu einem Drittel füllen und anschließend die immer noch gefrorenen Blaubeeren darauf verteilen. Die Muffins 20 Minuten lang backen, bis sie goldbraun und fluffig sind.
- So lange wie möglich abkühlen lassen, bevor ihr die Muffins aus den Mulden holt. Sie können jetzt gefressen – Entschuldigung, gegessen – werden, bevor der Streifzug durch das Herz des Waldes beginnt.

FLUCH DER KARIBIK

CALYPSOKEKSE

Es bedurfte der geheimen Fähigkeiten der mysteriösen Tia Dalma – der Zauberin des Bayou, auch bekannt als Calypso und die Königin von Davy Jones' Herz – um den großen Captain Barbossa wieder auferstehen zu lassen, den Einzigen, der Jack Sparrow retten kann.

ZUTATEN
ERGIBT 20–24 KEKSE

- 1 Vanilleschote
- 90 g Mehl
- 90 g Speisestärke
- ½ TL Backpulver
- 1 Prise Salz
- 150 g getrocknete Kokosnuss
- 50 g Zucker (wenn möglich Muscovadozucker)
- 250 ml Milch
- 25 g weiche Butter
- 50 g Rosinen

VORBEREITUNG: 10 MINUTEN ZUBEREITUNG: 30 MINUTEN

- Den Ofen auf 180 °C vorheizen.
- Die Vanilleschote mit eurem liebsten Zeremoniendolch der Länge nach aufschlitzen und vorsichtig das Mark herauskratzen.
- In einer großen Schüssel Mehl, Speisestärke, Backpulver und Salz vermengen. Kokosnuss, Zucker und Vanillemark dazugeben und alles gründlich mischen.
- Milch und Butter erwärmen, bis sich die Butter vollständig aufgelöst hat. Die Milchmischung ganz langsam zu den trockenen Zutaten geben, damit sich keine Klümpchen bilden, dabei leise die heiligen Worte singen. Wenn der Teig so glatt ist wie die See an einem windstillen Tag, gebt die Rosinen dazu und rührt ein letztes Mal um. Falls der Teig zu trocken ist, gebt 2 Esslöffel Wasser dazu.
- Kleine Teigbällchen auf ein Backblech löffeln und dabei genug Platz dazwischen lassen, damit sie beim Backen aufgehen können. Die Kekse dann für 30 Minuten in den Ofen schieben. Nun seid ihr bereit, einen Piraten von den Toten zurückzuholen.

NO

STRANGER THINGS

ELFIES WAFFELN

*Finstere und besorgniserregende Dinge geschehen in Hawkins ... Diese köstlichen **Waffeln sind** genau das Richtige, um Elfie wieder Mut zu machen und ihr Kraft zu geben, bevor sie sich in die Schattenwelt begibt, um Will zu suchen.*

ZUTATEN
REICHT FÜR 4 PERSONEN

3 Eier
125 g Butter
250 g Mehl
1 Prise Salz
1 Prise Piment
125 ml Bier, am besten Lager
125 ml Milch
Öl zum Backen

VORBEREITUNG: 20 MINUTEN ZUBEREITUNG: 4 MINUTEN

- Bevor ihr beginnt, trennt die Eier und gebt das Eiweiß und das Eigelb in zwei unterschiedliche Schüsseln.
- Die Butter in eine weitere Schüssel geben und 30 Sekunden in der Mikrowelle schmelzen lassen.
- In wieder einer anderen Schüssel Mehl, Salz und Piment vermengen. Das Bier dazugießen und mit einem Schneebesen gründlich unterrühren. Nach und nach unter kräftigem Rühren die Milch dazugeben, dann das Eigelb und die geschmolzene Butter. Erneut rühren.
- Das Eiweiß mit einem Handrührgerät steif schlagen, bis sich feste Spitzen bilden. Das Eiweiß vorsichtig mit einem Küchenspachtel unter den Teig heben.
- Ein Waffeleisen großzügig mit Öl einpinseln und aufheizen lassen. Eine Kelle von dem Teig hineingeben, den Deckel schließen und 4 Minuten lang backen lassen, bis die Waffel goldbraun ist. Mit einem runden Plätzchenausstecher Waffelkreise ausstechen und servieren, solange sie noch heiß sind.

Kapitel 3

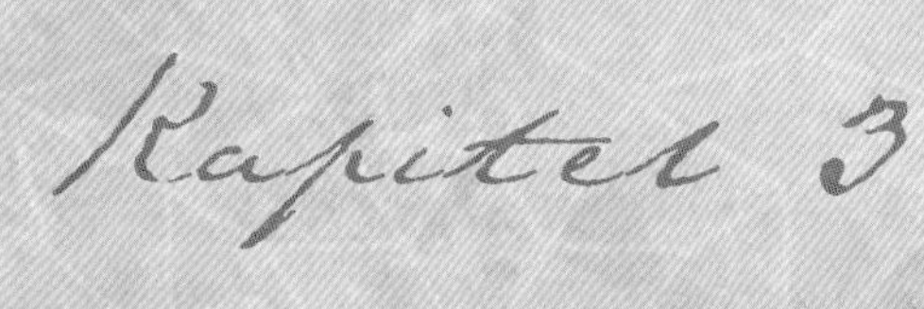

BOWLEN, MOUSSES UND CREMES

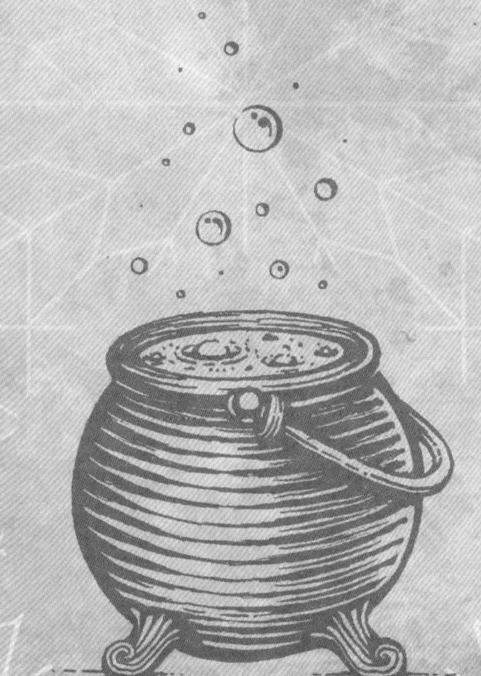

DIE INSEL DER BESONDEREN KINDER

AUGEN DER BESONDEREN

Die Hollows sind unsichtbare, schreckliche und tödliche Kreaturen, das Ergebnis von Mr Barrons erfolglosem Versuch, Unsterblichkeit zu erlangen. Unablässig jagen sie die Besonderen, *um ihnen die Augen herauszureißen und sie zu fressen und so eine menschliche Erscheinung aufrechterhalten zu können.*

ZUTATEN
ERGIBT 6 AUGEN

VORBEREITUNG: **10 MINUTEN**

1 Dose entsteinte Litschis
1 Rispe rote Trauben (oder Backpflaumen, wenn gerade keine Traubensaison ist)
1 l Himbeersaft

- Um die Hollows anzulocken, Litschis abgießen. Den Saft auffangen und ihn sofort trinken, um Kraft und Mut zu tanken.
- Die Trauben abspülen und jede der Litschis mit einer Traube füllen, damit sie aussehen wie Augen.
- Die Augen in Gläser oder in eine gläserne Bowleschüssel füllen und mit Himbeersaft auffüllen.
- Die Gläser oder die Schüssel gut sichtbar in der Raummitte positionieren und für den dramatischen Effekt von unten beleuchten. Nun, da euer Köder bereit ist, müsst ihr nur noch die Falle aufstellen oder die Ablenkung nutzen, um auf den Schwingen eines Ymbrynes zu fliehen.

DER NUSSKNACKER

ZUCKERFEELECKEREIEN AM STIEL

Nachdem sie Clara und der Nussknacker im Zauberschloss des Süßigkeitenlandes willkommen geheißen haben, bieten die Zuckerfee und Prinz Orgeat ihnen ein Festmahl schier unglaublich leckerer Köstlichkeiten an. Dann beginnen die fantastischen Tänze, von denen einer noch berühmter als der vorangehende ist. Darunter auch der nun legendäre Pas de deux *des Prinzen und der Fee.*

ZUTATEN
ERGIBT 6 EIS AM STIEL

- 50 g Milchpulver
- 500 ml Milch
- 250 ml ungesüßte Kondensmilch
- 1 EL Kristallzucker
- 50 g gebrannte Mandeln
- 50 g Schokolinsen

VORBEREITUNG: **10 MINUTEN** ZUBEREITUNG: **15 MINUTEN** EINFRIEREN: **3 STUNDEN**

- Während weiße Schneeflocken fallen, gebt das Milchpulver in einen Topf und löst es in der Milch auf, dann kommt die Kondensmilch dazu. Die Mischung aufkochen und den Topf dabei nie aus den Augen lassen. Sobald die Milch zu sprudeln beginnt, Hitze herunterschalten, den Zucker dazugeben und 10 Minuten lang köcheln lassen, wobei euer Holzlöffel unablässig im Topf Walzer tanzen darf. Vom Herd nehmen und abkühlen lassen.
- Gebrannte Mandeln und Schokolinsen grob zerkleinern und dabei ein paar davon naschen … aber nicht alle aufessen, ihr braucht sie noch für das Rezept.
- Die Mandel- und Schokolinsenstücke in den Topf mit der Milchmischung geben, umrühren und das Ganze in Stieleisförmchen gießen.
- Die Förmchen für 3 Stunden in den Gefrierschrank (oder auf eine verschneite Terrasse) stellen, dann genießen und dabei den Tanz der Schneeflocken bewundern.

ALICE IM WUNDERLAND

DESSERT IN ALLERLETZTER SEKUNDE VOM WEISSEN KANINCHEN

Das weiße Kaninchen, Herold des Herzkönigs und der Herzkönigin, hat immer ein Auge auf seine Taschenuhr. Es hat auch stets dienstliche Angelegenheiten zu erledigen und ist ständig spät dran, sodass es manchmal sogar seine Handschuhe vergisst. Sobald es zu Hause in seinem Häuschen ist, kann es endlich seine liebste Zuckerspeise zubereiten ... nur, um von der unerwarteten Ankunft der riesigen Alice unterbrochen zu werden!

ZUTATEN
REICHT FÜR 6 PERSONEN

3 Eier
500 ml Milch
80 g Vanillezucker

VORBEREITUNG: **3 MINUTEN** ZUBEREITUNG: **3 MINUTEN**

- Passt auf, dass Humpty Dumpty nicht in der Nähe ist, wenn ihr die Eier in eine Schüssel schlagt. Unter kräftigem Rühren die Milch und den Vanillezucker dazugeben.
- Die Mischung in 6 Auflaufförmchen geben und mit Frischhaltefolie abdecken, dabei eine Ecke offen lassen, damit der Dampf abziehen kann.
- Jedes Förmchen für 30 Sekunden bei höchster Stufe in die Mikrowelle stellen. Je nach Mikrowelle könnte es sein, dass das Ei noch nicht ganz gestockt ist. In dem Fall in 10-Sekunden-Intervallen weitererhitzen.
- Lasst die Förmchen vor dem Servieren abkühlen. Aber jetzt schnell, schnell, zieht eure Handschuhe über und beeilt euch, wenn ihr das Croquetspiel nicht verpassen wollt!

HARRY POTTER

EISCREME AUS DER WINKELGASSE

In Der Gefangene von Azkaban *sucht Harry Zuflucht in der Winkelgasse, nachdem er versehentlich seine Tante Magda aufgeblasen hat und aus dem Ligusterweg geflohen ist. Er verbringt die Tage vor seiner Abreise nach Hogwarts damit, sich durch sämtliche Eiscremesorten Florean Fortescues zu probieren.*

ZUTATEN
REICHT FÜR 4 PERSONEN

100 g Erdbeereiscreme
100 g Schokoeiscreme
60 g weiche Erdnussbutter
1 EL grob gehackte Erdnüsse

VORBEREITUNG: **10 MINUTEN**

- Verschließt euren Geist – und auch die Tür – vor dem Tumult in der Winkelgasse und nehmt die Eiscreme aus dem Gefrierschrank. Das Eis ein paar Minuten bei Zimmertemperatur auftauen lassen, während ihr eure feinsten Eiscremeschalen und 3 Gefrierbeutel bereitlegt.
- Manövriert das Erdbeereis mithilfe eines Schwebezaubers in einen der Gefrierbeutel. Tut dann dasselbe mit dem Schokoeis und dem zweiten Gefrierbeutel. Schneidet je eine Ecke der Gefrierbeutel mit einer Schere oder einer Knipszange aus eurem Besenpflegeset ab. Legt die beiden Beutel in den dritten Beutel und schneidet ein Loch in eine Ecke, sodass ihr eine große Spritztüte mit einer Doppelöffnung erhaltet.
- Spritzt die Eiscreme in hübschen Spiralen in eure Schalen. Großzügig mit Erdnussbutter beträufeln und mit den gehackten Erdnüssen bestreuen. Wenn eure Freunde spät dran sind, dann sind sie selbst schuld.

ICE CRE
ICE CR
FINEST

DER GOLDENE KOMPASS

LYRAS PANNACOTTA

Während ihrer Zeit am Jordan College weiß Lyra noch nichts von den Mächten des Staubs oder von ihrer wahren Identität. Sie ist nur ein lebensfrohes und freches kleines Mädchen, das gern mit ihrem besten Freund Pan über die Dächer streift und so tut, als wäre sie brav, während sie ihr Lieblingsdessert futtert.

ZUTATEN
REICHT FÜR 4 PERSONEN

3 Blätter (6 g) Gelatine
400 ml Schlagsahne
120 g Kristallzucker
8 Clementinen
1 TL Speisestärke
4 Physalis zum Verzieren (oder Clementinenfilets)

VORBEREITUNG: **15 MINUTEN** ZUBEREITUNG: **15 MINUTEN** RUHEN LASSEN: **10 MINUTEN** KÜHL STELLEN: **1 STUNDE**

- Die Gelatine 10 Minuten in einer Schüssel mit kaltem Wasser einweichen.
- Einen Topf bei mittlerer Hitze auf den Herd stellen und die Sahne mit zwei Dritteln des Zuckers erwärmen. Die Gelatine abgießen, dann zur süßen Sahne geben und rühren, bis Gelatine und Zucker vollständig aufgelöst sind.
- Die Mischung in 4 kleine Gefäße geben und für mindestens 1 Stunde in den Kühlschrank stellen. Das sollte euch genug Zeit geben, sämtliche Spuren eurer jüngsten Eskapaden zu beseitigen.
- Die Clementinen ausdrücken und den Saft mit dem übrig gebliebenen Zucker in einem Topf bei mittlerer Hitze 5 Minuten eindicken lassen,
- Speisestärke in einem Löffel Clementinensaft auflösen und mit in den Topf geben. Weitere 5 Minuten eindicken lassen, bis der Saft eine leicht sirupähnliche Konsistenz hat, dann abkühlen lassen.
- Die Physalis abspülen. Pannacotta aus dem Förmchen stürzen, großzügig mit der Fruchtsoße übergießen und mit den Physalis oder den Clementinenfilets belegen. Servieren, während ihr den Erwachsenen lauscht, wie sie über Staub diskutieren.

EINE WEIHNACHTSGESCHICHTE

SCHNEEBÄLLE VOM GEIST DER DIESJÄHRIGEN WEIHNACHT

Ohne Schnee ist ein Weihnachten kein richtiges Weihnachten. Wenn sich die weiße Pracht also nicht einstellen will, offeriert der Geist der diesjährigen Weihnacht uns diese Schneeballüberraschungen.

ZUTATEN
REICHT FÜR 4 PERSONEN

4 Eier
1 Prise Salz
1 Glas Vanillesoße
Puderzucker zum Verzieren

VORBEREITUNG: 5 MINUTEN ZUBEREITUNG: 2 MINUTEN RUHEN LASSEN: 5 MINUTEN

- Die Eier trennen, das Eiweiß in eine Schüssel geben und mit 1 Prise Salz steif schlagen, bis sich feste Spitzen bilden. Wenn ihr die Schüssel umgedreht über euren Kopf halten könnt, ohne einen weißen Schaumhut zu bekommen, dann ist der Eischnee fertig.
- Eine kleine Schüssel mit Frischhaltefolie auslegen, dabei reichlich Folie über dem Rand stehen lassen. Ein Viertel des Eischnees hineingeben und die Frischhaltefolie darüberschlagen, sodass ein kleiner Ball entsteht. Für 30–45 Sekunden in die Mikrowelle stellen, bis das Eiweiß fest ist. Wiederholen, bis ihr 4 Meringuekugeln habt.
- Abkühlen lassen. Dann die Schneebälle halbieren und 4 der Halbkugeln mit einem kleinen Löffel aushöhlen, dabei einen 2 Zentimeter dicken Rand stehen lassen. Die ausgehöhlten Halbkugeln auf einen Teller legen, mit Vanillesoße füllen und mit den anderen Halbkugeln belegen. Etwas Puderzucker darübersprenkeln und sofort genießen.

ERAGON

BLAUBEERSUPPE DER VARDEN

Sollten eure Schritte euch einmal in den Wald von Du Weldenvarden im Norden Alagaësias führen, dann kommt ihr vielleicht in die Nähe von Ellesméra, der Hauptstadt des Reichs der Elfen. Und solltet ihr zufällig die Gelegenheit haben, mit diesen Wesen gemeinsam zu speisen, dann müsst ihr diese Suppe unbedingt probieren. Ein Lieblingsgericht sowohl der alten wie auch der neuen Drachenreiter.

ZUTATEN
REICHT FÜR 4 PERSONEN

2 EL Speisestärke
300 g Blaubeeren
500 ml Wasser
4 EL Wildblütenhonig
1 Packung Butterkekse (200 g)

VORBEREITUNG: 20 MINUTEN ZUBEREITUNG: 10 MINUTEN RUHEN LASSEN: 10–20 MINUTEN

- Speisestärke in ein wenig Wasser auflösen und beiseitestellen.
- Die Blaubeeren in einen Topf geben und mit Wasser bedecken. Honig dazufügen und 5 Minuten lang kochen. Vom Herd nehmen und die aufgelöste Speisestärke hineingießen. Wieder auf den Herd stellen, aber nur so lange, bis sich wieder die ersten Blasen bilden.
- Während die Suppe abkühlt, die Butterkekse in große Stücke brechen. Die Suppe so lange rühren, bis sie die gewünschte Konsistenz hat.
- Warm oder kalt mit den Keksstücken als Croûtons servieren.

ERAGON

HASELNUSSPASTE

Nach dem Sieg der Varden über die dunklen Urgals reist Eragon an Aryas Seite nach Ellesmera. Als Gast in der Hauptstadt des Königreiches der Elfen lernt er viel über ihre Art zu leben und über ihre Traditionen. Die Elfen lehnen es ab, Tiere zu Nahrungszwecken auszubeuten, weshalb sie statt Butter diese köstliche Paste verwenden. Perfekt für alle, die allergisch auf Kuhmilch reagieren, sich vegan ernähren … oder einfach gerne naschen.

ZUTATEN
ERGIBT 1 GLAS

200 g ganze Haselnüsse (ohne Schale)
2 EL Honig

VORBEREITUNG: **10 MINUTEN** ZUBEREITUNG: **5 MINUTEN**

- Die Haselnüsse in einer Pfanne bei starker Hitze rösten (oder ihr fragt einen eurer Drachenfreunde, ob sie mal kurz Feuer darüberpusten könnten). Die Nüsse auf ein Küchentuch geben und kräftig rubbeln, um die Haut zu entfernen.
- Sobald die Haselnüsse gründlich geschält sind, gebt sie in den Behälter einer Küchenmaschine und mixt sie, bis eine Paste entstanden ist. Dabei vorsichtig vorgehen, denn die Paste wird immer flüssiger werden, je mehr ihr mixt, und es gibt kein Zurück.
- Wenn ihr die gewünschte Konsistenz erreicht habt – körnig oder glatt wie Saphiras Schuppen –, dann gebt den Honig dazu und rührt ihn gut unter. Füllt die Paste in ein Glas, und schon seid ihr bereit, euch wieder in den Sattel zu schwingen und zu den Wolken emporzusteigen.

GREMLINS

GREMLINMÜSLI

Es gibt drei Regeln, die ihr beachten müsst, wenn ihr einen flauschigen Mogwai in eurer Obhut habt: Lasst ihn nicht nass werden, setzt ihn nicht dem Sonnenlicht aus, und füttert ihn bloß niemals nach Mitternacht! Wenn sich die Mogwais erst einmal in die schrecklichen kleinen Gremlins verwandelt haben, dann kann sie nichts mehr aufhalten. Sie sind fest entschlossen, den Clamp Tower einzunehmen, und verbreiten dabei Chaos, wohin sie auch gehen. Dieses geschmackvolle und nahrhafte Müsli ist von ihrem zerstörerischen Besuch in einer Eisdiele inspiriert, wo sie besonders von dem M&M's-Topping begeistert sind. Kombiniert das mit ein bisschen Joghurt, frischen Früchten und Getreide, und schon seid ihr bereit, New York zu erobern.

ZUTATEN
REICHT FÜR 4 PERSONEN

4 Erdbeeren
1 Banane
2 Kiwis
100 g Müslimischung (Haferflocken, Vollkornflakes und so weiter)
200 g Naturjoghurt
4 TL M&M's
4 EL Honig

VORBEREITUNG: **10 MINUTEN**

- Erdbeeren abspülen, die Stiele entfernen und die Beeren vierteln. Die Banane und die Kiwis schälen und in Scheiben schneiden.
- Schüsseln (oder noch besser saubere Gläser) bereitstellen und das Müsli und die Früchte in zwei, den Joghurt in drei Schichten hineingeben. Dabei mit einer Schicht Joghurt beginnen, dann eine Schicht Müsli darauf verteilen und mit einer Schicht Früchte belegen. Dann mit der zweiten Schicht Joghurt weitermachen. Die letzte Schicht sollte Joghurt sein. Bei allen Schüsseln oder Gläsern so verfahren.
- Die M&M's grob zerkleinern und über den Joghurt sprenkeln, dann das Meisterwerk mit ein paar Tropfen Honig abrunden.

DER HOBBIT

TROLLCREME

Auf der Reise zum Einsamen Berg werden Bilbo und seine Gefährten Thorin und seine Zwerge von Tom, Bert und Bill gefangen genommen, drei Gourmet-Trollen, die bei Mondschein kochen und ganz begeistert sind, als ihre Amuse-Bouches *des Weges kommen.*

ZUTATEN
REICHT FÜR 4 PERSONEN

6 Blätter Gelatine
900 g Cranberrys oder Blaubeeren + ein paar zusätzlich zum Verzieren
2 EL Puderzucker
500 ml Schlagsahne
4 EL Orangensaft

VORBEREITUNG: **15 MINUTEN** ZUBEREITUNG: **2 MINUTEN** RUHEN LASSEN: **1 STUNDE**

- Eine Schale mit Wasser aus einer klaren Quelle füllen, die Gelatineblätter hineingeben und 5 Minuten einweichen lassen.
- Die Beeren abspülen, 2 Handvoll für die Verzierung beiseitelegen, den Rest mit einem Mixer zu Püree verarbeiten. Dann den Puderzucker dazufügen. Mischen und die geschlagene Sahne unterheben.
- Den Orangensaft in einem Kessel (oder einer Kasserolle) erwärmen. Die Gelatineblätter abtropfen lassen und im Orangensaft auflösen, dabei mit einem Schneebesen rühren (das funktioniert besser als etwa mit einem Hammer). Die Mischung zur Fruchtcreme gießen und gründlich einrühren, dann eine Handvoll der beiseitegelegten Früchte unterheben. Erneut rühren.
- Die Mischung in eine Schale oder Form geben und 1 Stunde lang im kühlen Flusswasser oder im Kühlschrank erkalten lassen.
- Aus der Schale oder Form stürzen und vor dem Servieren mit den restlichen Beeren garnieren. Vor Sonnenaufgang genießen.

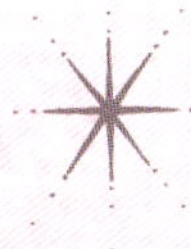

LEGENDE

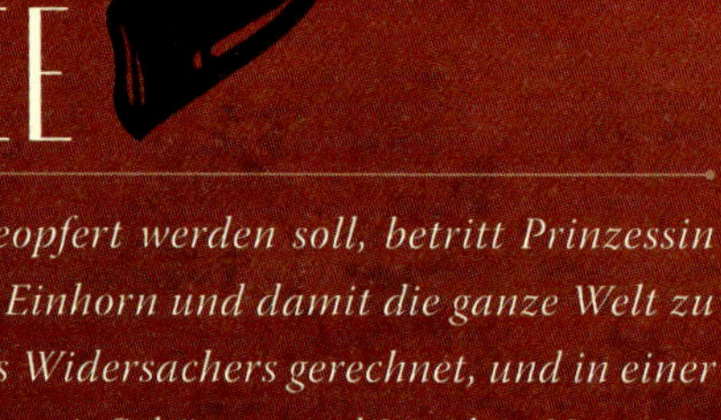

DÄMONISCHES GELEE

Gerade, als das letzte Einhorn von seinen Häschern geopfert werden soll, betritt Prinzessin Lily den Unterschlupf des Herrn der Finsternis, um das Einhorn und damit die ganze Welt zu retten. Aber, oje! Sie hat nicht mit dem bösen Zauber des Widersachers gerechnet, und in einer legendären Tanzszene verhext der Herr der Finsternis sie mit Schätzen und Juwelen. Nun sitzt die Prinzessin an der Tafel des Herrn der Finsternis und teilt ein Mahl mit ihm. Wird sie sich der Dunkelheit ergeben, oder ist das alles nur eine List, um das Einhorn zu retten?

ZUTATEN
REICHT FÜR 4 PERSONEN

VORBEREITUNG: 20 MINUTEN ZUBEREITUNG: 5 MINUTEN
RUHEN LASSEN: 10 MINUTEN KÜHL STELLEN: 2 STUNDEN + ÜBER NACHT

200 g Kirschen
6 Blätter Gelatine
3 EL Orangensaft
250 ml Granatapfelsaft
1 EL Grenadine
50 g Kristallzucker

- Kirschen mit den Tränen einer entmutigten Prinzessin abspülen, dann entsteinen.
- Lasst die Gelatine von euren Gefolgsleuten 10 Minuten lang in einer Schüssel mit kaltem Wasser einweichen. Die Gelatineblätter abgießen und mit dem Orangensaft in einen kleinen Topf geben und über den niedrigen Flämmchen des Feuers, aus dem ihr hervorgegangen seid, schmelzen. Wenn sich die Gelatine aufgelöst hat, gebt den Granatapfelsaft, die Grenadine und den Zucker dazu, und rührt, bis die Verzweiflung von allen Anwesenden Besitz ergriffen hat.
- Die Mischung 2 Zentimeter hoch in eine große Silikonform in der Gestalt eurer Seele (Einhorn, Dämon, Herz ...) gießen und mit einer Schicht Früchte krönen. Für mindestens 2 Stunden in den Kühlschrank stellen, mehr als genug Zeit also, um jede Hoffnung auf Sonnenlicht, Freude und Glück zu zerstören.
- Den restlichen Saft darübergießen und über Nacht in den Kühlschrank stellen. In dieser Zeit könnte das letzte Einhorn der Welt geopfert werden, oder die Elfen und ihre Verbündeten könnten in die finale Schlacht ziehen, in der es aller Wahrscheinlichkeit nach sowohl grausam als auch hinterhältig zugehen wird.

DIE LIGA DER AUSSERGEWÖHNLICHEN GENTLEMEN

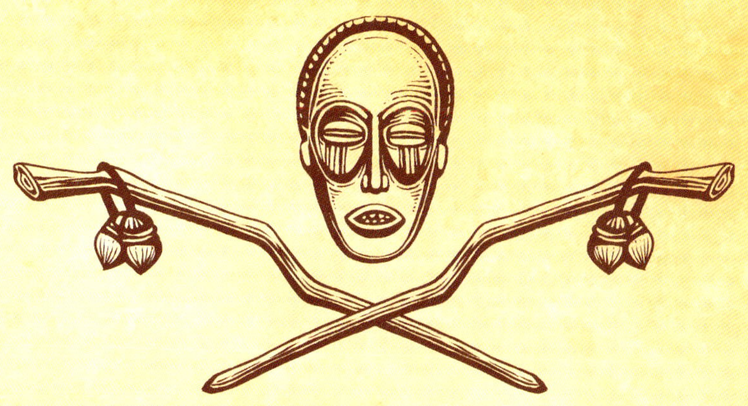

QUATERMAINS UNSTERBLICHKEITSELIXIER

Manchmal ist es gar nicht so leicht, sein Frühstück in Ruhe zu genießen: Bei all den Verschwörungen und Schießereien muss man sich ein herzhaftes Mahl gönnen, um sich dem Tag stellen zu können. Daran ändert auch die Tatsache, dass ein Zuluzauberer Allan Quatermain prophezeit hat, er werde nicht in Afrika sterben, rein gar nichts. Vielleicht ermöglichen ihm die wunderbaren Vitamine der Früchte aus diesen wilden und üppigen Ländern, so viele außergewöhnliche Abenteuer durchzustehen, darunter auch den Fund von König Solomons Diamantminen und die Vereitelung des schrecklichsten Plans des frühen zwanzigsten Jahrhunderts …

ZUTATEN
REICHT FÜR 8 PERSONEN

Saft von 1 Zitrone
Sanft von 1 Orange
1 Vanilleschote
1 Ananas
1 Mango
1 Guave
2 Bananen
3 Passionsfrüchte

VORBEREITUNG: **15 MINUTEN**

- Zitronen- und Orangensaft in einer kleinen Schüssel mischen. Vanilleschote der Länge nach aufschneiden und das Mark mit einer Messerspitze herausschaben. Zum Fruchtsaft geben.
- Oberes und unteres Ende der Ananas mit einer Machete oder einem scharfen Messer abtrennen und die Ananas vierteln. Den Mittelstrunk und die Schale entfernen und das Fleisch in Würfel schneiden.
- Mango schälen und das Fruchtfleisch lösen, indem ihr mit eurem Messer am Kern entlang schneidet. Beiseitestellen. Die Guave halbieren und schälen und das Fleisch herauslöffeln. Mango und Guave würfeln. Bananen schälen und in Scheiben schneiden. Passionsfrüchte halbieren und Fruchtfleisch und Saft aus den Schalen löffeln.
- Den Zitrussaft in große Tassen gießen, dann die Fruchtwürfel daraufgeben und mit der Passionsfrucht krönen. Servieren, während ihr dem Gebrüll der Löwen lauscht und zuseht, wie die Sonne hinter dem Horizont der Savanne versinkt.

SHREK

MILCHREIS DER GUTEN FEE

Dies ist eine magische Spezialität der Guten Fee, und sie bereitet diesen Milchreis gerne und liebevoll für ihren Sohn Prince Charming zu. Als er also von Fionas Turm zurückkehrt, untröstlich und wütend, weil er sie nicht retten konnte, bevor Shrek zur Stelle war, da stellt sie ihm einen ganzen Topf seines Lieblingsdesserts hin.

ZUTATEN
REICHT FÜR 6 PERSONEN

200 g Rundkornreis
1 l Milch
60 g Vanillezucker
50 g kandierte Blüten (Veilchen, Rosen und so weiter)

VORBEREITUNG: **5 MINUTEN** ZUBEREITUNG: **40 MINUTEN** RUHEN LASSEN: **1 STUNDE**

- Den Reis gründlich abspülen und in einen Topf mit kaltem Wasser geben, 2 Minuten lang kochen, dann abgießen.
- In der Zwischenzeit die Milch und den Vanillezucker in einen weiteren Topf geben und erwärmen. Sobald die Milch kocht, Reis dazugeben und bei schwacher Hitze 30 Minuten köcheln lassen, dabei ab und zu mit dem Zauberstab oder einem Holzlöffel rühren.
- Den Topf vom Herd nehmen und den Milchreis vollständig abkühlen lassen, entweder mithilfe eines Zauberspruchs oder einfach so, wenn ihr so viel Zeit zur Verfügung habt. Dann die kandierten Blüten dazugeben und vorsichtig rühren.
- Den Milchreis in verschiedene Formen füllen, die aussehen wie Blumen oder Schmetterlinge (normale Auflaufförmchen funktionieren aber auch). Die Förmchen dürfen bis zum Rand gefüllt werden. Dann für mindestens 1 Stunde in den Kühlschrank stellen, oder so lang, wie es dauert, ein kleines Lied zu singen.

DER GOLDENE KOMPASS

GEBACKENE EISCREME VON DEN SVALBARD-BÄREN

Als sich Lyra auf die Suche nach ihrem Freund Roger macht, begegnet sie einem Bären, der nicht ganz ist, wie andere Bären. Iorek Byrnison, der Panzerbär, wird ihr Freund und hilft ihr dabei, die entführten Kinder zu retten, bevor er wieder zum König der Svalbard-Bären wird. Üblicherweise ernährt sich ein Bär unter anderem von Eiern und Blaubeeren, diese zuckrigen Kugeln sollten also ganz nach Ioreks Geschmack sein.

ZUTATEN
REICHT FÜR 6 PERSONEN

1 l Vanilleeiscreme
4 Eier
1 Prise Salz
120 g Kristallzucker
120 g Mehl
6 EL Blaubeergelee

MERINGUE:

2 Eiweiß
150 g Zucker

VORBEREITUNG: **30 MINUTEN** ZUBEREITUNG: **10 MINUTEN** EINFRIEREN: **1 NACHT + 10 MINUTEN**
KÜHL STELLEN: **30 STUNDEN**

- Am Vorabend 6 halbrunde Förmchen (oder gefrierfähige Schüsseln) mit Plastikfolie ausschlagen und mit Eiscreme füllen, schwungvoll mit einem Tatzenhieb glatt streichen und eine Nacht gefrieren lassen, wenn keine Nordlichter zu sehen sind.
- Am Serviertag: Den Ofen auf 180 °C vorheizen. Die 4 Eier aufschlagen und trennen. Salz zum Eiweiß geben und steif schlafen, bis feste Spitzen entstehen, dann nach und nach den Zucker, das Eigelb und das Mehl dazugeben. Das Mehl sollte so fein gesiebt sein, dass es wie Pulverschnee aussieht.
- Den Teig auf ein mit Backpapier belegtes Backblech geben und 10 Minuten lang backen, bis er hellgolden, aber noch nicht goldbraun ist. Das Backblech auf ein Tablett stürzen, das Backpapier entfernen und den Teig abkühlen lassen.
- Den Kuchen mit einer Tasse (oder mit den Krallen) ausstechen. Die Kuchenscheiben sollten den gleichen Durchmesser haben wie die Förmchen im Tiefkühler. In einer kleinen Schüssel das Blaubeergelee in etwas warmem Wasser auflösen, bis es sirupartig und so glatt wie Bärenfell ist.
- Für die Meringue das Eiweiß zu festen Spitzen schlagen und den Zucker dazugeben. Die Masse sollte glänzen wie die Sterne über dem Eis in Svalbard.
- Eiscreme aus den Förmchen lösen. Den Blaubeersirup großzügig mit einem Pinsel auf den Kuchenscheiben verteilen, dann je eine Eiscremehalbkugel darauflegen und mit der Meringuemasse bedecken. Weitere 10 Minuten in den Tiefkühler stellen. Noch eiskalt genießen.

Kapitel 4

KUCHEN UND TORTEN

ALICE IM WUNDERLAND

CHARLOTTE VOM HUTMACHER

Egal, ob aus Stoff oder aus Gebäck, in Frankreich sind die Hutmacher für die Zubereitung einer Charlotte zuständig. Aber seid gewarnt! Sollten euch der Märzhase oder die Haselmaus eine Kostprobe dieser süßen Verlockung anbieten, könntet ihr vor Verzückung verrückt werden!

ZUTATEN
REICHT FÜR 6–8 PERSONEN

VORBEREITUNG: 30 MINUTEN KÜHLSTELLEN: 5 STUNDEN

500 g Erdbeeren
3 Weinbergpfirsiche
500 ml Schlagsahne, steif geschlagen
3 EL Brombeermarmelade
330 ml Zuckerrohrsirup
36 Kekse „Biscuit Rose de Reims“

- Erdbeeren abspülen und eine Handvoll für die Dekoration beiseitelegen. Die restlichen Erdbeeren in große Stücke schneiden. Pfirsiche schälen. Einen halben Pfirsich in Schnitze schneiden, den Rest würfeln.
- In einer Schüssel die Schlagsahne und die Brombeermarmelade mischen, dann vorsichtig Erdbeeren und Pfirsiche unterheben.
- Die Innenseite eines Huts – oder, wenn ihr nichts anderes habt, eben einer Charlottenform – mit Frischhaltefolie ausschlagen und dabei am Rand reichlich überstehen lassen.
- Den Zuckerrohrsirup in eine flache Schale gießen und die Kekse hineintauchen, aber nicht aufweichen lassen. Die Kuchenform mit den Keksen auslegen, dabei an den Seiten beginnen und am Boden der Form zwei Keksschichten legen. Die Hälfte der Fruchtfüllung hineingeben, mit einer weiteren Keksschicht bedecken und wiederholen. Mit einer Keksschicht abschließen.
- Die Charlotte mit einer weiteren Lage Frischhaltefolie abdecken und einen Teller auf die Form legen. Den Teller mit eurer schwersten Teekanne oder mit einer Konservendose aus der Speisekammer beschweren, damit die Schichten zusammengedrückt werden. Für 5 Stunden in den Kühlschrank stellen.
- Die Charlotte vorsichtig auf einen Servierteller stürzen und die Frischhaltefolie abziehen. Den Kopfputz mit den übrig gebliebenen Erdbeeren dekorieren.

PHANTASTISCHE TIERWESEN UND WO SIE ZU FINDEN SIND

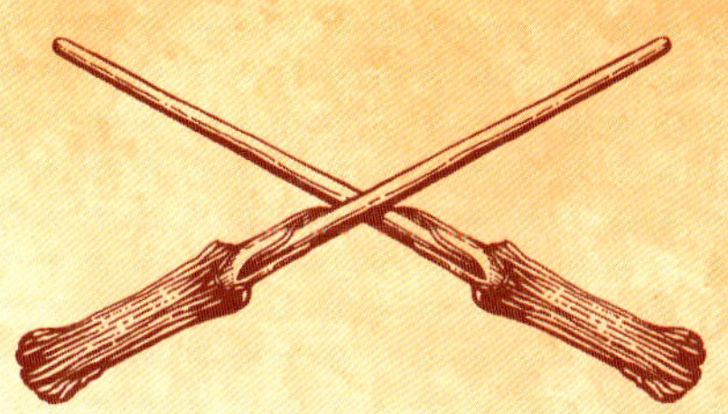

QUEENIE GOLDSTEINS STRUDEL

Gäste in letzter Minute? Keine Panik! Macht es genau wie Queenie Goldstein, an deren Schönheit nur noch ihre Kochkünste herankommen. Zückt einfach euren Zauberstab und mischt mit aller Grazie und einem unwiderstehlichen Lächeln dieses köstlich duftende Wunderwerk zusammen, das eure Gäste zweifellos in seinen Bann schlagen wird.

ZUTATEN
REICHT FÜR 6 PERSONEN

4 Äpfel
Saft von 1 Zitrone
50 g Rosinen
50 g gemahlene Haselnüsse
30 g hellbrauner Zucker (oder Kristallzucker)
½ TL gemahlener Zimt
30 g Butter, in sehr kleine Würfel geschnitten
1 Blatt Filoteig (oder 1 Blatt Blätterteig)
1 Eigelb zum Glasieren
Puderzucker zum Verzieren

VORBEREITUNG: **30 MINUTEN** ZUBEREITUNG: **35 MINUTEN** RUHEN LASSEN: **30 MINUTEN**

- Den Ofen auf 220 °C vorheizen.
- Äpfel schälen und in kleine Stücke schneiden. Zitronensaft über die Stücke gießen und gründlich mischen, damit sie nicht braun werden. Rosinen, gemahlene Haselnüsse, Zucker, Zimt und Butter dazufügen und ein wenig gute Laune hineinmischen.
- Sicherstellen, dass keine seltsamen Tiere in der Nähe sind. Ein sauberes und leicht feuchtes Geschirrtuch auf die Arbeitsfläche legen. Den Filoteig auf dem Küchentuch ausbreiten, dabei aufpassen, dass der Teig nicht reißt. Dann die Apfelmischung auf dem Teig verteilen und den Strudel mithilfe des Küchentuchs zusammenrollen.
- Das Eigelb in einer kleinen Schüssel verschlagen und den Strudel damit glasieren. In 35 Minuten goldbraun backen.
- Den Strudel abkühlen lassen, dann mit Puderzucker bestäuben und vorsichtig in eures Herzblatts Koffer legen. Der berauschende Duft verdoppelt das Naschvergnügen.

DER RING DES NIBELUNGEN

DER RING DES NIBELUNGEN

Die Zwerge, Untertanen des Königs Nibelung, wachen über den gewaltigen Schatz, der unter ihren Bergen verborgen liegt. Einer der Zwerge besitzt etwas Einzigartiges: einen Ring, der seinen Träger unsichtbar macht, der aber auch verflucht ist. Nachdem Siegfried den Drachen Fafnir besiegt hat, will er nicht auf die Warnungen der Zwerge hören und nimmt den Ring an sich.

ZUTATEN
REICHT FÜR 8 PERSONEN

VORBEREITUNG: 30 MINUTEN ZUBEREITUNG: 45–50 MINUTEN RUHEN LASSEN: 30 MINUTEN

BRANDTEIG

125 ml Wasser
2 g Salz
2 g Kristallzucker
60 g Butter
80 g Mehl, gesiebt
5 g ungesüßtes Kakaopulver
125 g verschlagene Eier (etwa 3 Eier)

FÜLLUNG

100 g gehobelte Mandeln
50 g dunkle Schokolade
1 Glas Kirschen (500 g)
500 ml Schlagsahne, steif geschlagen
Puderzucker zum Verzieren (nach Belieben)

- Den Ofen und die Essen in der Dunkelheit der Höhlen anheizen und 180 °C annehmen lassen.
- Wasser, Salz, Zucker und Butter in einen Kessel geben und ganz, ganz heiß werden lassen, bis die Mischung zu kochen beginnt. Streift eure dicksten Lederhandschuhe über und nehmt den Kessel vom Feuer. Entfernt euch ein Stück von den Flammen und gebt Mehl und Kakaopulver gleichzeitig dazu. Stellt den Kessel wieder aufs Feuer und lasst den Teig bei schwacher Hitze 2 Minuten lang unter ständigem Rühren trocknen, bis sich eine dünne Schicht am Kesselboden bildet. Wieder vom Feuer nehmen und die Mischung unter ständigem Rühren 10 Minuten abkühlen lassen.
- Nach und nach die Eier dazugeben und unterrühren, bis der Teig schimmert wie der funkelnde Rhein.
- Ein Backblech mit Backpapier auslegen und einen Spritzbeutel mit der Masse füllen. Eine mittelgroße Tülle (Nummer 4) aufsetzen und einen Ring mit 30 Zentimeter Durchmesser aufs Blech spritzen. In den warm und geheimnisvoll glühenden Kohlen 35–40 Minuten lang backen, dabei die Ofentür niemals öffnen. Den Ring herausnehmen und auf Höhlentemperatur abkühlen lassen.
- Als Nächstes die Füllung zubereiten: Die Mandeln in einer Pfanne rösten. Schokolade raspeln und Kirschen entsteinen, dann Kirschen und Schokolade in einer großen Schüssel unter die Sahne heben. Den Ring mit eurem schmalsten Messer horizontal halbieren. Die untere Hälfte mit der Sahnemischung bestreichen und die obere Hälfte darauflegen. Mit Mandeln und Puderzucker bestreuen, bevor ihr den Kuchen im Schutz des dunklen Waldes serviert.

BABA JAGA

KUCHEN DER URALHEXEN

Es stimmt, ich bin eine Hexe. Eine Hexe, die Kinder in Angst und Schrecken versetzt und ihre Eltern mit schrecklichen Zaubern belegt. Aber wenn ihr glaubt, dass ich sonst nichts weiter tue, als meine Hütte zu fegen, über das Land der Toten zu wachen, durch die Luft zu fliegen, über Tiere und himmlische Wesen zu herrschen und kleinen Rotznasen nachzujagen, dann lasst euch sagen, dass ich am allerliebsten diesen Kuchen für meine Töchter zubereite.

ZUTATEN
REICHT FÜR 6–8 PERSONEN

VORBEREITUNG: **15 MINUTEN** KÜHLSTELLEN: **1 NACHT**

150 g kandierte Früchte
2 Vanilleschoten
250 g weiche Butter
250 g Kristallzucker
1 kg Frischkäse (oder griechischer Joghurt)
4 Eigelbe
120 g gehobelte Mandeln
1 Prise Salz

- Ein paar kandierte Früchte zum Verzieren beiseitelegen, den Rest in kleine Würfel schneiden (nur die Früchte, nicht eure Finger!). Die Vanilleschoten der Länge nach aufschneiden und das Mark mit der Spitze eures Lieblingsmessers herauskratzen und in einem kühlen Winkel eurer Izba aufbewahren.
- In einer großen Schüssel Butter und Zucker kräftig verschlagen, dann den Frischkäse unterheben. Eigelbe, kandierte Früchte, Mandeln, Vanillemark und Salz unterrühren. Ja, ich weiß, die Mischung ist ziemlich klebrig, aber ich habe euch ja gesagt, dass dieses Rezept nur etwas für Leute mit starken Armen ist.
- Die Mischung in eine hübsche Silikonform geben (Blume, Drache und so weiter). Die Form ruhig bis zum Rand füllen und den Teig nach unten drücken. Einen Teller auf die Form legen und beschweren (mit einem Amboss oder vielleicht mit Großmutters Bügeleisensammlung, oder mit einer Konservendose). Über Nacht im Kühlschrank abkühlen lassen. Stellt ruhig kleine Fallen auf, um Naschmäuler fernzuhalten und gleichzeitig ein paar Kinder zu fangen, die ihr für ein anderes Rezept brauchen könnt.
- Am nächsten Morgen den Kuchen vorsichtig aus der Form lösen, mit den übrigen kandierten Früchten dekorieren und servieren. Bon appétit!

DER WALD VON BROCÉLIANDE

PRINZESSIN DAHUTS FAR BRETON

Der Legende nach herrschte die Feenprinzessin Dahut, eine Zeitgenossin Merlins und Beschützerin der Stadt Ys, über das Steigen und Sinken der Fluten, bis zu jener schicksalshaften Nacht, in der ein Dämon den Schlüssel zu den Schleusentoren der Stadt stahl, während sie schlief. Man sagt, das habe sie in so tiefe Trauer gestürzt, dass sie sich in eine Meerjungfrau verwandelte und auf ewig über die versunkene Stadt in der Bucht von Douarnenez wacht.

ZUTATEN
REICHT FÜR 6–8 PERSONEN

VORBEREITUNG **10 MINUTEN** ZUBEREITUNG **1 STUNDE 35 MINUTEN**

1 l Vollmilch
6 Eier
250 g Kristallzucker
250 g Mehl
200 g Backpflaumen, entsteint
1 EL gesalzene Butter

- Den Ofen auf 150 °C vorheizen.
- Milch in einem Kessel oder Topf bei sehr schwacher Hitze erwärmen, damit sie nicht überkocht (und damit sich Dahuts Schicksal nicht wiederholt).
- In einer großen Schüssel Eier und Zucker verschlagen, das Mehl nach und nach dazugeben. Sobald der Teig glatt und homogen ist, die Milch dazugießen, dabei ständig rühren, damit sich keine Klümpchen bilden.
- Teig in eine Backform mit 25 Zentimeter Kantenlänge füllen und gleichmäßig die Backpflaumen darauf verteilen, 1 Esslöffel gesalzener Butter darauflegen und 1 Stunde und 30 Minuten lang backen.
- Warm und zusammen mit einem exquisiten Apfelsaft servieren.

SHREK

ESELS CLAFOUTIS

Das frisch vermählte Paar Fiona und Shrek bricht zum Königreich Weit Weit Weg auf, dem Geburtsort der Prinzessin. Während der sehr, sehr langen Reise bietet Esel – ein Tick zu gesprächig und energiegeladen wie immer – ihnen an, diese Kirschclafoutis zuzubereiten, um ihnen die Zeit zu vertreiben.

ZUTATEN
REICHT FÜR 6 PERSONEN

750 g Kirschen
100 g Mehl
125 g Kristallzucker
25 g weiche Butter
250 ml Milch
4 Eier
1 Vanilleschote

VORBEREITUNG: **15 MINUTEN** ZUBEREITUNG: **45 MINUTEN**

- Den Ofen auf 180 °C vorheizen.
- Die Kirschen entsteinen und die Zeit mit einem Kirschkernweitspuckwettbewerb vertreiben.
- Das Mehl in eine Schüssel sieben, von der ihr zuvor den Reisestaub abgewischt habt. Dann Zucker und Butter – die ihr neben dem Kutschenfenster etwas weich werden lassen habt – dazugeben und nach und nach auch die Milch und die Eier.
- Die Vanilleschote der Länge nach aufschneiden und das Mark mit einer Messerspitze oder einem Rückenkratzer herausschaben. Zum Teig geben.
- Die Kirschen in eine Backform mit einer Kantenlänge von 25 Zentimetern geben und erst mal eine Partie Tic-Tac-Toe mit den Kirschen spielen. Den Teig über die Kirschen gießen und 45 Minuten lang backen. Während ihr wartet, könnt ihr die schöne Landschaft bewundern oder mit Esel Scharade spielen.

DER WALD VON BROCÉLIANDE

1000-CRÊPES-KUCHEN AUS DEM TAL OHNE WIEDERKEHR

Nachdem ein Ritter sie betrog und ihr damit das Herz brach, belegte die Fee Morgan das Tal des Waldes von Brocéliande mit einem Zauber, der es untreuen Liebenden unmöglich machte, den Wald jemals wieder zu verlassen, ganz gleich, auf wie vielen Tausend Wegen sie es versuchten. Man sagt, Lancelot habe die untreuen Liebenden ein Jahrhundert später retten können. Es waren 253 von ihnen.

ZUTATEN
REICHT FÜR 6 PERSONEN

125 g Mehl
3 Eier
350 ml Milch
1 EL neutral schmeckendes Öl (zum Beispiel Rapsöl)
300 g Apfelmus
3 EL gesalzene Butter
1 EL Wasser
50 g Kristallzucker
ein paar Tropfen Zitronensaft

VORBEREITUNG: **40 MINUTEN** ZUBEREITUNG: **1 STUNDE** RUHEN LASSEN: **30 MINUTEN**

- Den Ofen auf 180 °C vorheizen.
- Einen kleinen Berg Crêpes zubereiten: Das Mehl in eine Schüssel sieben, die Eier in eine Mulde in der Mitte gleiten lassen und verrühren. Milch und Öl dazugießen, langsam und unter ständigem Rühren, damit keine Klümpchen entstehen. Den Teig mindestens 30 Minuten ruhen lassen. Eine Kelle voll Teig in eine heiße Pfanne geben und 2–4 Minuten lang auf einer Seite braten, dann umdrehen. So weitermachen, bis aller Teig aufgebraucht ist.
- Den ersten Crêpe in eine runde Form geben, die denselben Durchmesser wie die Pfanne hat, und eine dünne Schicht Apfelmus darauf verteilen. Noch einen Crêpe darauflegen und so fortfahren, bis Apfelmus und Crêpes verbraucht sind.
- Ein paar Flocken gesalzene Butter darauf verteilen und 20 Minuten lang backen. Ein paar Minuten vor Ende der Backzeit 1 Esslöffel Wasser mit dem Zucker und dem Zitronensaft in einen Topf geben. Ohne Rühren aufkochen lassen. Wenn der Zucker einen hübschen Goldton annimmt, die übrige Butter dazugeben und den Topf vom Herd nehmen. Die Butter vorsichtig unter das Karamell rühren und die Mischung über die Crêpe-Torte gießen. Heiß, warm oder kalt servieren.

DER NUSSKNACKER

CLARAS PAVLOVA

Es war einmal ein kleines Mädchen namens Clara. Sie liebte das Tanzen so sehr, dass sie zu einer der berühmtesten Ballerinas ihrer Zeit wurde. Sie war so elegant und leicht auf den Füßen, dass man extra für sie ein Dessert kreierte, damit niemand jemals vergessen würde, was für ein Stern der Ballettbühne sie war.

ZUTATEN
REICHT FÜR 6–8 PERSONEN

MERINGUE

100 g Eiweiß (2 oder 3 Eier)
1 Prise Salz
100 g Puderzucker
100 g Kastorzucker

TOPPING

500 g Weinbergpfirsiche
250 g Feigen
40 g Kristallzucker
1 EL Zitronensaft
500 ml Schlagsahne, steif geschlagen
100 g gehackte und geröstete Haselnüsse

VORBEREITUNG: **40 MINUTEN** ZUBEREITUNG: **1 STUNDE** RUHEN LASSEN: **1 STUNDE**

ERSTER AKT

- Hinter den Kulissen wärmen sich die Tänzer auf. Der Ofen macht es genauso und wird 150 °C heiß. Das Eiweiß wird mit 1 Prise Salz steif geschlagen, bis die steifen Spitzen aussehen wie ein Tutu.
- Die Zuckersorten werden vermischt und langsam zum Eischnee gegeben, bis die Meringue leicht und glänzend wird und die Rührer Spitzen bilden, die Vogelschnäbeln gleichen.
- Ein Blatt Backpapier lässt sich graziös auf einem Backblech nieder.
- Eine Meringuespirale mit einem Durchmesser von 20 Zentimetern wird mithilfe eines Spritzbeutels (oder eines Gefrierbeutels, von dem eine Ecke abgeschnitten wurde) auf das Backpapier gespritzt und ein weiterer Kreis wird auf den äußersten Kreis gespritzt, damit eine Art Absatz entsteht.
- Die Meringue wird für die Dauer 1 Stunde oder 1 Aktes gebacken.
- Dann wird sie aus dem Ofen genommen. Erst, wenn sie vollständig abgekühlt ist, darf sie vom Backpapier gelöst werden.

ZWEITER AKT

- Nach der Pause wird ein Topf mit Wasser bei starker Hitze auf den Ofen gestellt. Wenn große Blasen beginnen zu tanzen und umherzuwirbeln, werden die Pfirsiche vorsichtig für 1 Minute ins Wasser gegeben. Haut und Kerne werden entfernt, und das Fruchtfleisch wird in 5 Millimeter dicke Scheiben geschnitten.
- Die Feigen werden abgespült und mit dem Zucker in dem Zitronensaft püriert. Dann wird die Mischung durch ein Sieb gestrichen, damit keine Kerne mehr übrig bleiben.

DRITTER AKT

- Die Schlagsahne wird auf dem Boden des Meringuenests verteilt, die Pfirsichscheiben formen eine Rose darauf und die Feigenmischung verteilt sich darüber. Als Finale regnet es Haselnüsse.

DUNGEONS & DRAGONS

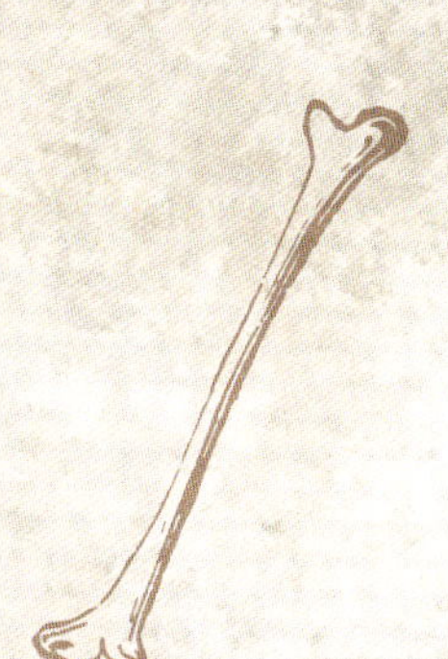

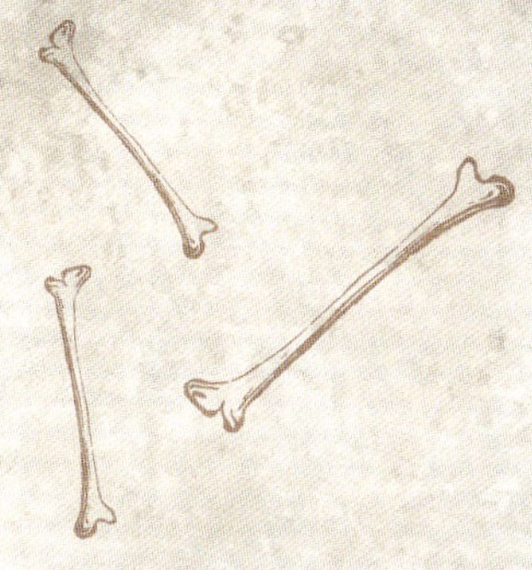

SPIDER MULTICLASS

Ach, welche Freude es doch macht, unterirdische Höhlen und Geheimgänge zu durchstreifen ... Unvermeidlich begegnet man ungewöhnlichen Kreaturen. Riesigen Wesen, stinkenden, solchen, die voller Pusteln sind oder die phosphoreszieren. Wesen, die sich klonen können, und Wesen, deren Gift eine ganze Menge grässlicher Wirkungen entfalten können. Fürchterlich! Aber lasst euch dieses eine Mal nicht hinausekeln, sondern von diesem Spinnennetz einfangen. Viel Spaß!

ZUTATEN
REICHT FÜR 6–8 PERSONEN

- 20 Rosinen
- 50 Blättchen gehobelte Mandeln
- 1 Pfundkuchen für 6 Personen
- 1 Dose in Sirup eingelegte Früchte
- 1 Päckchen Wackelpuddingpulver in beliebiger Farbe
- 100 g Milchschokolade, in Stücke gebrochen
- 2 EL Schlagsahne, steif geschlagen
- 1 Backpflaume
- 1 schwarze Lakritzschnecke

VORBEREITUNG: **30 MINUTEN** ZUBEREITUNG: **5 MINUTEN** KÜHL STELLEN: **2 STUNDEN**

- Zuerst die Fliegen zubereiten, die als Köder für die tückische Spinne dienen. Die Rosinen bilden die Körper, die Mandelblättchen sind die Flügel. Die langen Seiten der Rosinen mit der Dolchspitze einstechen und dann je eine Mandelscheibe hineinstecken (keine Panik, falls ein paar dabei zerbrechen, ihr habt jede Menge Ersatz).
- Den Pfundkuchen in Scheiben schneiden und damit eine Kristallschale (oder eine Glasschale) auslegen. Die Scheiben dicht zusammenlegen. Ein paar Fliegen zwischen den Kristall und die Kuchenscheiben schieben.
- Die Früchte abgießen und wenn nötig klein schneiden. Die Früchte in die Kristallschale geben. Den Wackelpudding nach Packungsanweisung zubereiten und die Mischung auf die Fruchtstücke gießen, die darauf schwimmen werden (eine normale und erwartbare Erscheinung, die als Ablenkung dienen kann). Die Mischung im Kühlschrank mindestens 1 Stunde lang fest werden lassen.
- Die Zeit nutzten, um ein paar Rätsel zu lösen, dann ab zur Schmiede. Die Schokolade in einem Wasserbadtopf schmelzen und über den festen Wackelpudding gießen, glatt streichen und 1 weitere Stunde im Kühlschrank aushärten lassen.
- Die Schlagsahne in ein Tütchen aus Backpapier füllen und ein Spinnennetz auf die Schokolade zeichnen. Die Spinne bauen, indem ihr die Backpflaume in die Mitte des Kuchens setzt und aus der Lakritzschnecke acht Beine formt. Die restlichen Fliegen auf dem Netz verteilen und die Zaubersprüche vorbereiten.

DER HOBBIT

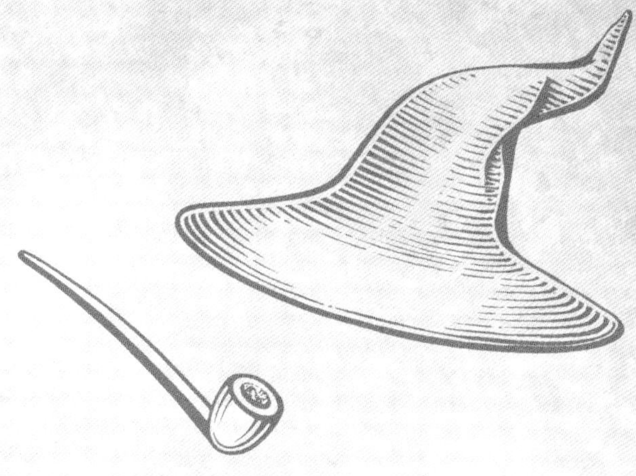

GANDALFS KUCHEN

Bei Merlins Bart! Wenn ihr auszieht, um das verlorene Reich eines Zwergenkönigssohns zurückzuerobern, dann könnt ihr das genauso gut mit vollem Magen tun. Und wo ließe sich besser speisen, als im Wohnzimmer eines gewissen Bilbo, eines respektablen Hobbits, eines verlässlichen Freundes in der Not, und eines mutigen Drachenausraubers, wenn es die Situation verlangt.

ZUTATEN
REICHT FÜR 6 PERSONEN

350 g Mehl
2 TL Backpulver
250 g Butter
125 g Kristallzucker
1 Prise Salz
1 Prise Muskatnuss
30 g zerstoßene Anissamen
2 Eier

VORBEREITUNG: **10 MINUTEN** ZUBEREITUNG: **50 MINUTEN**

- Wenn der Nachmittag im Auenland zu Ende geht, dann heizt den Ofen auf 180 °C vor.
- Das Mehl in eine große Schüssel sieben, dann mit Backpulver und der in kleine Stücke geschnittenen Butter vermengen, bis der Teig so bröselig und spröde wird, wie das Herz eurer Cousine Lobelia Sackheim-Beutlin. Zucker, Salz, Muskatnuss und Anissamen dazugeben und gründlich mischen.
- In einer Schüssel die Eier verschlagen und in die Mehlmischung geben. Alles gründlich verrühren, bis ein glatter Teig entstanden ist. Den Teig in eure Lieblingsform geben und für 50 Minuten in den Ofen schieben, bis der Kuchen aufgegangen ist, eine goldbraune Farbe angenommen hat und euer Schwert oder Dolch nach dem Anstechen sauber wieder herauskommt.

DER HOBBIT

BILBOS TARTE

Bilbos Tarte ist so berühmt, dass man sie selbst im Land der Tuks noch kennt. Das Rezept stammt von seiner Cousine Primula von der Brandybock-Seite der Familie. Diese Tarte ist so köstlich, dass ihr, solltet ihr sie zufälligerweise in Gesellschaft von Gandalf und einer Gruppe aus dreizehn Zwergen genießen, vermutlich euer Taschentuch vergessen werdet, wenn ihr Beutelsend verlasst!

ZUTATEN
REICHT FÜR 6 PERSONEN

VORBEREITUNG: **20 MINUTEN** ZUBEREITUNG: **45 MINUTEN** KÜHL STELLEN: **30 MINUTEN** RUHEN LASSEN: **20 MINUTEN**

TEIG

250 g Mehl
120 g Butter
1 Ei
½ TL Salz
1 Packung getrocknete Bohnen zum Blindbacken

FÜLLUNG

1,5 kg Äpfel
Saft von 1 Zitrone
250 g Kristallzucker
20 g Butter
1 EL Vanillezucker

ZUM SERVIEREN

120 g Himbeermarmelade

- Den Ofen auf 180 °C vorheizen.
- Den Teig folgendermaßen zubereiten: Das gesiebte Mehl und die (in Stücke geschnittene) Butter zu einer krümeligen Mischung vermengen. Eine Mulde in die Mitte drücken und das Ei, Salz und zwei Esslöffel Wasser dazugeben, dann zu einem weichen Teig verarbeiten. Zu einer Kugel rollen und in ein Geschirrtuch wickeln und für 30 Minuten in den Kühlschrank legen. Genug Zeit, um nachzusehen, was diese halbstarken Tuks mal wieder aushecken.
- Teig ausrollen und eine Tarteform damit auslegen. Löcher in den Teig stechen, damit er sich beim Backen nicht aufbläht. Mit Backpapier belegen und eine Schicht getrocknete Bohnen daraufgeben. Für 35 Minuten in den Ofen schieben.
- Während des Blindbackens die Äpfel waschen und entkernen. Den Großteil der Äpfel würfeln, aber auch ein paar Scheiben zum Verzieren zurückbehalten. Die Apfelstücke mit Zitronensaft beträufeln, damit sie nicht braun werden. Die Würfel in einen Topf mit etwa 60 Milliliter Wasser geben. Zucker und Butter einrühren, einen Deckel auflegen und 15 Minuten lang bei schwacher Hitze köcheln lassen.
- Die Tarte aus dem Ofen holen und Backpapier und getrocknete Bohnen entfernen (die Bohnen kann man wiederverwenden, sobald sie abgekühlt sind). Das Apfelkompott auf dem Tarteboden verteilen und fantasievoll mit den Apfelscheiben verzieren. Mit Vanillezucker besprenkeln und noch einmal 10 Minuten lang backen.
- Warm mit einem ordentlichen Löffel Himbeermarmelade servieren.

DER HERR DER RINGE

BILBOS GEBURTSTAGSTORTE

Bilbo hatte beschlossen, sein Reifes Alter von 111 Jahren mit einem so rauschenden Fest zu begehen, wie es noch kein Hobbit je erlebt hatte. Nach Gandalfs Feuerwerk und den Gesängen war es Zeit für die Reden. Bilbo streifte den Ring über, den er vor langer Zeit von einer Reise mitgebracht hatte. Aber es war nicht einfach irgendein Ring: Es war der Eine Ring, den Sauron suchte. Als Bilbo plötzlich verschwindet, werden die Hobbits in ein Abenteuer geschleudert, wie sie es sich nie hätten vorstellen können.

ZUTATEN
REICHT FÜR 12 MENSCHEN (ODER 4 HOBBITS)

TEIG

6 Eier, getrennt
150 g Kristallzucker
Schale von 1 Biozitrone
100 g Mehl
2 EL gemahlene Mandeln

FÜLLUNG

1 kg Erdbeeren
50 g Schlagsahne
4 EL Kristallzucker

GLASUR

27 g Eiweißpulver*
240 ml kaltes Wasser
400 g Kristallzucker
60 ml Honig

VERZIERUNG

1 Strauß essbare Blumen (ungedüngt): Rosen (und Stockrosen), Flieder, Veilchen, Mimosen, Malven, Boretsch, Minze und so weiter

VORBEREITUNG: **45 MINUTEN** RUHEN LASSEN: **1 STUNDE 10 MINUTEN**

- Es war einmal ein Haus mit einer Küche darin, in der eine ganz besondere Torte für einen einundelfzigsten Geburtstag zubereitet wurde. Der Teig wurde gemacht, indem man Eigelbe, Zucker und Zitronenschale verschlug, bis eine seidige Mischung entstand. Dann kamen Mehl und Mandeln dazu. Gleichzeitig wurde der Ofen auf 180 °C vorgeheizt. Und während draußen alle die Tische deckten und schmückten, wurde in jener Küche das Eiweiß geschlagen, bis sich feste Spitzen bildeten, bevor man es unter den Teig hob.
- Dann wurde der Teig auf 2 runde Kuchenformen aufgeteilt, eine größere, eine kleinere, und beide kamen für 35 Minuten in den Ofen. Die Kuchen wurden aus den Formen gelöst und kühlten auf einem Rost nahe dem Fenster ab, während die Füllung zubereitet wurde. Die Beeren wurden abgespült und in Würfel geschnitten und mit Sahne und Zucker in einer Schüssel vermengt.
- Die Kuchen wurden horizontal geteilt und großzügig mit der Füllung bestrichen, bevor der kleinere Kuchen auf den größeren gesetzt wurde.
- In diesem Moment begann in der Küche die schwierige Arbeit des Glasierens. Das Eiweißpulver wurde 4 Minuten lang mit 120 ml kaltem Wasser verschlagen. Weitere 120 ml Wasser wurden in einem Topf mit Zucker und Honig aufgekocht. Die Mischung durfte etwas abkühlen, bevor man sie unter Rühren zum Eiweiß gab. Genau 4 Minuten lang wurde das Eiweiß dank Onkel Brandybocks Taschenuhr noch einmal geschlagen. Nun war die Glasur glatt und glänzend und man konnte sie auf den Kuchen verteilen. Mit einem Küchenspachtel wurde sie gleichmäßig darauf verstrichen, und die Torte durfte trocknen, während die Bäcker ihre feinsten Kleider anzogen.
- Dann wurde die Blüten auf den Kuchen gelegt und alle genossen das Meisterwerk, während sie fremdartigen Erzählungen lauschten …

* Eiweißpulver ersetzt rohes Eiweiß und verringert so die Gefahr einer bakteriellen Infektion; erhältlich im Internet oder in Delikatessengeschäften.

LEGENDE

SÜSSES OMELETT FÜR DIE KOBOLDLAKAIEN

Nachdem die Kobolde das letzte Einhorn gefangen genommen haben, überziehen Schnee, Eis und Trostlosigkeit die Welt. Was für ein herrlicher Spielplatz für die zerstörungswütigen Lakaien des Herrn der Finsternis! Sie plündern die Speisekammer eines Bauernhauses und zaubern ein fabelhaftes süßes Omelett, das sie den eingefrorenen Bauern direkt vor die Nase halten! Hahaha!

ZUTATEN
REICHT FÜR 4 PERSONEN

50 g kandierte Angelika
6 Eier
1 EL Schlagsahne
3 EL Vanillezucker
40 g Butter

VORBEREITUNG: **5 MINUTEN** ZUBEREITUNG: **7 MINUTEN**

- Nun, da es keine Einhörner mehr gibt und Verzweiflung und Zerstörung herrschen, schneidet die Stängel der kandierten Angelika in kleine Stücke. Schlagt dann die Eier in eine Schüssel und verschlagt sie mit der Sahne, dem Zucker und der kandierten Angelika.
- Entzündet ein Feuer im Ofen und lasst die Butter in einer großen Pfanne schmelzen. Gießt die Eimischung hinein und lasst sie 5 Minuten lang stocken, genug Zeit für einen ersten Siegestanz.
- Nehmt das Omelett von den höllischen Flammen, lasst es auf ein Backblech gleiten, faltet es in der Mitte und legt es 2 Minuten lang unter den Grill, bis es karamellisiert.
- Genießt es, während ihr in der Zerstörung schwelgt, die ihr angerichtet habt. Kehrt dann zum Herrn der Finsternis zurück, um ihm bei der Umsetzung seiner dunklen Pläne zu helfen.

MACBETH

HECATES TARTE

Der große Shakespeare, der diese Tarte so sehr liebte, dass er sie seinen Schauspielern nach jeder Vorstellung servierte, spielte auch in seinen Versen darauf an, weshalb wir sie noch heute genießen können. Was brauen die Hexen im Moor zusammen, als Macbeth, der mit seiner Zukunft hadert, zu ihnen kommt, um sie nach seinem Schicksal zu fragen? Diese Birnentarte natürlich!

ZUTATEN
REICHT FÜR 6 PERSONEN

VORBEREITUNG: 30 MINUTEN ZUBEREITUNG: 45 MINUTEN KÜHL STELLEN: 30 MINUTEN

TEIG

250 g Mehl + etwas zusätzlich für die Arbeitsfläche
1 Safrankapsel (nach Belieben)
1 Prise Salz
125 g weiche Butter
65 ml Wasser

FÜLLUNG

3 Birnen
80 g kandierte Kirschen
Saft von 1 Zitrone
1 EL Mehl
1 Prise gemahlener Zimt
1 Prise gemahlener Ingwer
2 EL Honig

- Während sich Macbeth mit seinen Leuten dem Hochmoor nähert, bereitet den Tarteteig zu: Mehl mit Safran, Salz und weicher Butter mischen. Dann das Wasser dazugeben und so lange kneten, bis der Teig so nachgiebig ist, wie ein treuer Diener. In Frischhaltefolie einwickeln und in einen kühlen Winkel der Höhle legen (oder in den Kühlschrank), lange genug, um Macbeth seine Zukunft als König zu enthüllen (30 Minuten).
- Den Ofen auf 180 °C vorheizen.
- Während der König sich quält, schält die Birnen, nachdem ihr sie im klarsten Wasser, das ihr finden könnt, abgespült habt. Entkernen und vierteln. Die kandierten Kirschen halbieren. In einer Schüssel Birnenstücke, Zitronensaft und kandierte Kirschen vermischen. Dann Mehl, Zimt und Ingwer dazugeben. In einer anderen Schüssel Honig und Birnensaft verrühren: dreimal für euch, dreimal für mich und noch dreimal, dann habt ihr neunmal gerührt.
- Rollt den Teig auf einer bemehlten Arbeitsfläche zur Form der Sonne aus. Gebt die Früchte- und Gewürzmischung darauf und faltetet die Seiten des Teiges nach innen, sodass die Früchte teilweise bedeckt sind. Dann den honigsüßen Birnensaft in die Mitte der Tarte gießen und 45 Minuten lang backen. Servieren, sobald der König euch den Rücken kehrt.

DIE CHRONIKEN VON NARNIA

FRAU BIBERS ROULADENKUCHEN

Als die Kinder der Familie Pevensie in Der Löwe und die Hexe *im Haus von Herrn und Frau Biber eintreffen, erfreut das Paar Peter, Susan und Lucy (Edmund steht zu diesem Zeitpunkt unter dem Bann der Weißen Hexe und ist zu sehr damit beschäftigt, das Hexenschloss zu finden, um sich zu freuen) mit einem köstlichen Mahl, das von Frau Bibers legendärer Orangenmarmeladenroulade gekrönt wird.*

ZUTATEN
REICHT FÜR 4 PERSONEN

- 4 Eier
- 1 Prise Salz
- 50 g Butter
- 100 g Kristallzucker
- 100 g Mehl
- 150 g Orangenmarmelade

VORBEREITUNG: **10 MINUTEN** ZUBEREITUNG: **10 MINUTEN** RUHEN LASSEN: **30 MINUTEN**

- Den Ofen auf 180 °C vorheizen und ein quadratisches Backblech mit Backpapier auslegen.
- Zieht eure schönste Schürze an, während Herr Biber mit dem Dammbauen beschäftigt ist. Schlagt die Eier auf und trennt das Eiweiß vom Eigelb. Das Eiweiß mit 1 Prise Salz in einer blau geblümten Schüssel zu festen Spitzen schlagen und beiseitestellen.
- Die Butter in einem kleinen Topf über schwacher Hitze erwärmen.
- In einer zweiten Schüssel mit Farbe und Motiv eurer Wahl das Eigelb mit dem Zucker verschlagen, bis die Mischung hell und schaumig wird. Das Mehl hineinsieben und unterrühren und dann Butter und Eiweiß dazugeben. Das Eiweiß vorsichtig unterheben, um so viel Luft wie möglich in den Teig einzuarbeiten. Den Teig auf das Backblech geben und 10 Minuten lang backen.
- Das Blech aus dem Ofen nehmen. Ein sauberes, gestreiftes Küchentuch auf dem Tisch ausbreiten, den Kuchen darauflegen und den Teig zusammenrollen, solange er noch heiß ist. In dieser Form abkühlen lassen.
- Den Kuchen wieder auseinanderrollen und großzügig mit Orangenmarmelade bestreichen. Wieder zusammenrollen und in große Stücke schneiden. Hört ihr das Gelächter und den Klang der Glöckchen? Der Winter der Weißen Hexe könnte bald vorüber sein, und vielleicht kommt bald schon Weihnachten …

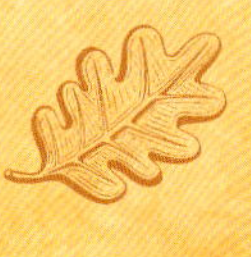

DIE CHRONIKEN VON NARNIA

HERRN TUMNUS' SOUFFLÉS

Als Lucy Pevensie Narnia zum ersten Mal betritt, begegnet sie dort Herrn Tumnus. Der Faun mit dem roten Schal und das kleine Mädchen aus dem verzauberten Wandschrank werden schnell Freunde, und schon bald sitzen sie gemeinsam am Feuer und genießen diese köstlichen, mit Puderzucker bestäubten Küchlein.

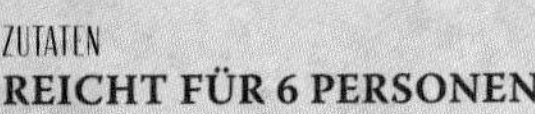

ZUTATEN
REICHT FÜR 6 PERSONEN

350 g Blockschokolade
110 g weiche Butter + ein bisschen mehr für die Förmchen
10 Eiweiß
1 Prise Salz
150 g Kristallzucker
6 Eigelbe
Puderzucker zum Verzieren

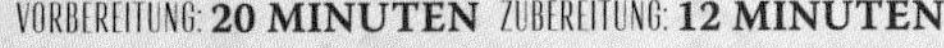

VORBEREITUNG: **20 MINUTEN** ZUBEREITUNG: **12 MINUTEN**

- Den Ofen auf 200 °C vorheizen.
- Schokolade in kleine Stücke brechen und Butter in Würfel schneiden. Beides in einen Wasserbadtopf geben und unter gelegentlichem Rühren schmelzen.
- Derweil das Eiweiß mit 1 Prise Salz steif schlagen, bis sich feste Spitzen bilden. Den Kristallzucker nach und nach unterheben, dabei so viel Luft wie möglich einschließen. Dann Eigelbe und die geschmolzene Schokolade dazugeben und vorsichtig weiterrühren.
- Die Mischung in gebutterte Förmchen geben und vom Rand der Förmchen nach innen glatt streichen. 12 Minuten lang backen und dabei die Ofentür nicht öffnen. Die Küchlein mit Puderzucker bestäuben und sofort servieren. Das wird Tumnus beschäftigen, und er wird gar nicht auf die Idee kommen, seine Flöte zu spielen.

DIE HEXEN VON SALEM

SALEM-PUDDING

Was manche Menschen nicht für eine zweite Portion Pudding tun würden! Er ist so köstlich, tröstlich, süß und verlockend, dass die Dorfbewohner während des harten Winters 1692, in dem es so wenig zu essen gab, alles möglich erfanden, jeden der Hexerei oder des Zauberns beschuldigten, nur um noch einen Bissen davon abzubekommen, nur noch einen einzigen …

ZUTATEN
REICHT FÜR 6–8 PERSONEN

1 l Milch
60 g Melasse
50 g Speisestärke
1 Ei
125 g Kristallzucker
½ TL gemahlener Zimt
1 Prise Salz
50 g Butter

ZUM SERVIEREN

500 ml Vanilleeis

VORBEREITUNG: **15 MINUTEN** ZUBEREITUNG: **2 STUNDEN** KÜHL STELLEN: **30 MINUTEN**

- In einer Neumondnacht, wenn die Sterne noch nicht aufgegangen sind, den Ofen auf 160 °C vorheizen.
- 750 ml Milch in einem Topf erwärmen, den ihr vorher mit Wasser aus einer heiligen Quelle ausgespült habt. Die Melasse dazugießen und unterrühren, während ihr euer Lieblingsgedicht rezitiert. Wenn die Zutaten vollständig vermischt sind, die Speisestärke direkt in den Topf sieben und nach und nach kräftig unterrühren, damit keine Klümpchen entstehen. Vom Herd nehmen und den Geistern etwas Ruhe gönnen.
- In einer Schüssel das Ei, Zucker und Zimt vermischen und die Prise Salz nicht vergessen. Die Mischung in einen Topf gießen und noch einmal kräftig durchrühren. Eine Puddingform nach Wahl mit der Mischung füllen und 30 Minuten lang backen.
- Die Butter mit einem Zeremoniendolch in Stücke schneiden und in der restlichen Milch schmelzen. Nach 30 Minuten die Butter-Milch-Mischung über den Pudding gießen und noch 1 Stunde lang backen.
- Den Pudding aus dem Ofen nehmen und abkühlen lassen. Mit einer großen Portion Vanilleeis servieren. Genau das Richtige, um eure Gäste zu verhexen.

SHREK

FIONAS GRÜNER KUCHEN

Um den Geburtstag ihrer Kinder – Fergus, Farkle und Felicia – zu feiern, hat Fiona einen wunderbaren Kuchen in den Familienfarben gebacken. Doch leider macht eine Reihe von Missgeschicken Shrek so wütend, dass er sich sein altes Leben zurückwünscht. Rumpelstilzchen erfüllt ihm diesen Wunsch, und schon findet sich der Oger in einem Paralleluniversum wieder, in dem er nie existiert hat.

ZUTATEN
REICHT FÜR 8 PERSONEN

- 1 fertiger Pastetenteig
- 1 Packung getrocknete Bohnen
- 2 reife Avocados
- 100 ml Zitronensaft
- 500 ml ungesüßte Kondensmilch
- Schlagsahne, geschlagen, zum Verzieren
- gehobelte Mandeln zum Verzieren

VORBEREITUNG: **20 MINUTEN** ZUBEREITUNG: **45 MINUTEN** RUHEN LASSEN: **2 STUNDEN** KÜHL STELLEN: **3 STUNDEN**

- Am Morgen oder am Abend vorher den Ofen auf 180 °C vorheizen.
- Den Pastetenteig ausrollen und eine Pieform damit auslegen. Mit einem geschärften Dolch (oder einer Gabel) Löcher hineinpiken. Den Teig mit einer Lage Backpapier belegen und die getrockneten Bohnen darauf verteilen. Für 45 Minuten in den Ofen schieben (oder Drache bitten, sanft darüberzublasen). Holt den Teig aus dem Ofen und lasst ihn vollständig abkühlen (2 Stunden oder über Nacht).
- Später oder am nächsten Tag die Avocados schälen, die Kerne entfernen und das Fruchtfleisch zu Mus verarbeiten (bitte mit einer Gabel und nicht mit den Händen!). Das Mus mit Zitrone und Kondensmilch verrühren. Die Mischung auf den Pastetenteig geben, glatt streichen und für 3 Stunden in den Kühlschrank stellen.
- Kurz vor dem Servieren mit Schlagsahne und gehobelten Mandeln verzieren.

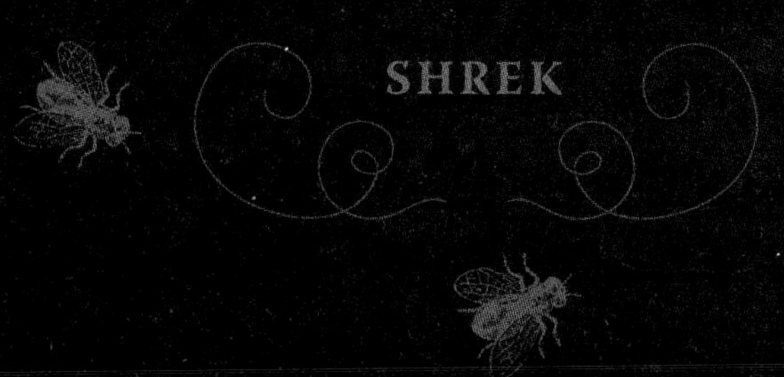

SUMPFSCHLAMMTORTE

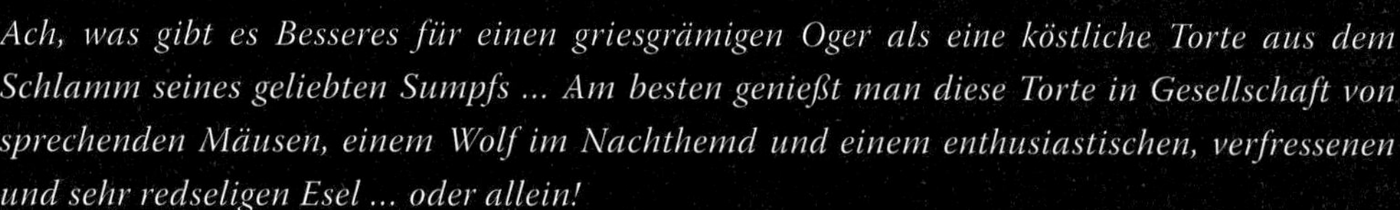

Ach, was gibt es Besseres für einen griesgrämigen Oger als eine köstliche Torte aus dem Schlamm seines geliebten Sumpfs ... Am besten genießt man diese Torte in Gesellschaft von sprechenden Mäusen, einem Wolf im Nachthemd und einem enthusiastischen, verfressenen und sehr redseligen Esel ... oder allein!

ZUTATEN
REICHT FÜR 6 PERSONEN

BODEN
75 g Butter
400 g Doppelkekse mit Schokoladenfüllung

CREME
180 g sehr guter Schlamm (oder Backschokolade)
120 g Butter
75 ml Kaffee
1 Prise Salz
3 EL Vanilleextrakt
6 Eier
200 g Kristallzucker

GLASUR
120 g Kakaopulver
80 g Speisestärke
150 g Kristallzucker
4 Eier
200 ml Milch
45 g Butter
80 g Schokolade

VERZIERUNG
Schlagsahne, geschlagen

VORBEREITUNG: 25 MINUTEN ZUBEREITUNG: 50 MINUTEN KÜHL STELLEN: 1 NACHT + 40 MINUTEN

- Nutzt einen nebligen Tag, um den dicksten Schlamm zu sammeln, den ihr im stinkigsten Teil eures Lieblingssumpfs finden könnt. Sobald ihr wieder zu Hause seid, den Ofen auf 150 °C vorheizen und 75 Gramm Butter in einer Pfanne über mittlerer Hitze schmelzen. Die Doppelkekse beherzt zerdrücken und die geschmolzene Butter darübergießen. Mit Liebe vermischen. Eine Pieform mit Backpapier auslegen und am Rand genug Papier überstehen lassen. Die Keksmischung in der Form verteilen und festdrücken, bis eine Teigkruste entsteht, die so hoch ist wie die Haare auf euren Zehen (1 Zentimeter). Für 10 Minuten in den Kühlschrank stellen und anschließend 10 Minuten lang backen. Irgendwo abkühlen lassen, wo der Esel nicht herankommt.
- Den Ofen auf 180 °C hochdrehen.
- Den gesamten Schlamm (oder die Backschokolade) und 120 Gramm in Stücke geschnittene Butter in einen Wasserbadtopf geben und den gestiefelten Kater bitten, beides bei schwacher Hitze im Kamin schmelzen zu lassen. Den Hut der Katze vom Topf nehmen und Kaffee, Salz und Vanilleextrakt dazugeben. Die Mäuse verscheuchen und 6 Eier mit 200 Gramm Zucker verschlagen, bis die Mischung hell und schaumig ist, dann die Schokolade dazugießen und weiter vermischen. Auf dem Keksboden verteilen und 40 Minuten lang backen. Die Torte über Nacht in den Kühlschrank stellen.
- Schickt am nächsten Tag alle Störenfriede auf Drachensuche und nutzt die freie Zeit, um Kakaopulver, Speisestärke, Zucker und die verschlagenen Eier zu vermengen. Nach und nach die Milch dazugießen und bei mittlerer Hitze zum Kochen bringen. Vom Herd nehmen und die Butter sowie noch etwas Schlamm (oder 80 Gramm Schokolade) einrühren. Weiterrühren, bis die Mischung abgekühlt ist. Über die Torte gießen und 30 Minuten in den Kühlschrank stellen. Mit Schlagsahneröschen verzieren und mit euren Gästen genießen.

TROLL VON TROY

SCHÄDEL VON TROY

In Eckmülen sollte man besser nicht auf Fliegenjagd gehen (die Trolle passen gut auf ihre Fliegen auf), und ganz besonders nicht morgens (sie sind echte Morgenmuffel). Tut ihr es doch, dann könnte euer Schädel ganz schnell von einem Hammer zerdeppert werden. Das Problem ist nur, dass es jeden Morgen einen neuen Morgen gibt.

ZUTATEN
REICHT FÜR 6 PERSONEN

500 g gemischte Beeren
2 große Stücke Meringue
500 ml Schlagsahne

VORBEREITUNG: **15 MINUTEN**

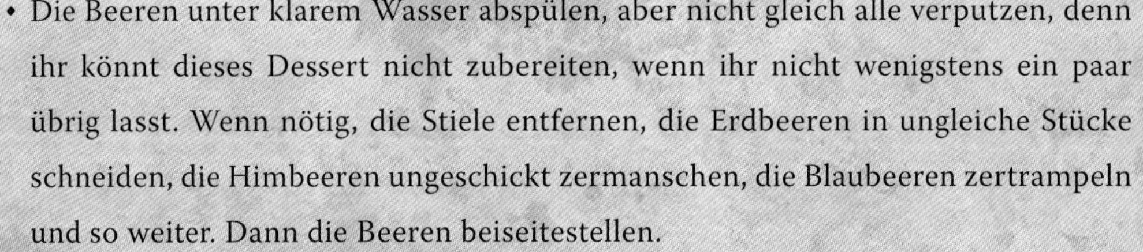

- Die Beeren unter klarem Wasser abspülen, aber nicht gleich alle verputzen, denn ihr könnt dieses Dessert nicht zubereiten, wenn ihr nicht wenigstens ein paar übrig lasst. Wenn nötig, die Stiele entfernen, die Erdbeeren in ungleiche Stücke schneiden, die Himbeeren ungeschickt zermanschen, die Blaubeeren zertrampeln und so weiter. Dann die Beeren beiseitestellen.
- Die Meringue mit der Sanftheit von Hebus, dem riesigen Troll, zerbröckeln und die Stücke in eine Schale geben (ihr könnt auch einen Helm oder Schild verwenden).
- Dann 2 gehäufte Esslöffel Schlagsahne in eine Schüssel füllen. Die Beeren dazugeben und so chaotisch wie möglich vermischen. Die Beerensahne über die Meringue geben und euer Werk bewundern, das dem Schädel eines fliegenden Eichhörnchens nach einem Streit mit Teträm ähneln sollte.

UNTEN AM FLUSS

KANINCHENBAUKUCHEN

Hasel und Fiver verbringen ihre Tage fröhlich in der Gesellschaft ihrer Freunde, bis Fiver eine Vision hat und „sieht" wie ihr Bau zerstört wird. Die beherzten Mitglieder der kleinen Truppe beschließen, den Bau zu verlassen, um einen Ort zu finden, an dem sie in Sicherheit leben können. Doch bevor sie aufbrechen, müssen sie noch etwas Kraft sammeln. Was könnte da besser geeignet sein als ein köstlicher Kuchen aus süßen und saftigen Karotten?

ZUTATEN
REICHT FÜR 6 PERSONEN

2 Eier
175 g Kristallzucker
1 EL Walnussöl
100 g Speisestärke
50 g gehackte Walnüsse
225 g geriebene Karotten
1 TL gemahlener Zimt
1 TL Backpulver
Butter für die Form
Mehl für die Form

GLASUR

150 g Puderzucker
100 g Zitronensaft

VORBEREITUNG: **15 MINUTEN** ZUBEREITUNG: **45 MINUTEN** RUHEN LASSEN: **45 MINUTEN**

- Den Ofen auf 180 °C vorheizen.
- Die Eier in eine Schüssel schlagen und mit dem Zucker verschlagen, bis eine helle, schaumige Creme entstanden ist. Öl dazugießen und Speisestärke hineinsieben. Wenn alle Zutaten gründlich vermischt sind und der Teig keine Klümpchen mehr aufweist, Nüsse, Karotten, Zimt und Backpulver hineingeben. Gründlich vermengen.
- Den Teig in eine gebutterte und bemehlte (es sei denn, sie ist aus Silikon) Kuchenform geben und 45 Minuten lang backen, oder bis eine hineingestochene Messerspitze sauber wieder zum Vorschein kommt.
- Den Kuchen 15 Minuten ruhen lassen, aus der Form stürzen und abkühlen lassen.
- Die Glasur zubereiten, indem ihr den Puderzucker zum Zitronensaft gebt und so lange rührt, bis eine glatte Masse entstanden ist. Sofort über den Kuchen gießen, einen Moment abwarten und genießen.

SABRINA – TOTAL VERHEXT!

BESCHEIDENHEITSKUCHEN

Bei diesem Pie werden euch Tante Hilda und Tante Zelda nicht viel helfen können, also werdet ihr wohl einige Zeit am Herd verbringen. Macht doch eurer Freundin Morgan auch gleich einen davon, damit sie ihre Verschwendungssucht los wird und endlich einen ordentlichen Job findet.

ZUTATEN
REICHT FÜR 6 PERSONEN

75 g Butter
120 g Kristallzucker
100 g Mehl
50 g gemahlene Mandeln
7 Äpfel
3 Birnen
½ Vanilleschote
1 Prise gemahlener Zimt
1 Packung Pastetenteig

VORBEREITUNG: **30 MINUTEN** ZUBEREITUNG: **1 STUNDE** RUHEN LASSEN: **30 MINUTEN**

- Als Erstes den Streuselteig zubereiten: Die Butter würfeln. In einer Schüssel Butter, Zucker und Mehl mit den gemahlenen Mandeln mischen und mit den Fingerspitzen bearbeiten, bis eine krümelige Mischung entsteht. Für 30 Minuten in den Kühlschrank stellen, während ihr das restliche Rezept abarbeitet.
- Äpfel und Birnen schälen, entkernen und würfeln. Mit einem Messer das Mark aus der halben Vanilleschote kratzen. Äpfel- und Birnenwürfel in einen Topf geben und Vanillemark und Zimt dazugeben. Bei mittlerer Hitze 30 Minuten köcheln lassen, dabei rühren, damit das Wasser aus den Früchten verdampfen kann und ein Kompott entsteht.
- Den Ofen auf 180 °C vorheizen.
- Eine Pieform mit dem Pastetenteig auslegen. Das Kompott auf dem Teig verteilen und den Pie für 20 Minuten in den Ofen schieben. Aus dem Ofen nehmen und den Ofen auf 210 °C hochschalten. Die kalte krümelige Teigmischung über dem Pie verteilen und weitere 10 Minuten lang backen.

KIKIS KLEINER LIEFERSERVICE

KIKIS BRIOCHE

In einer Großstadt ist es nicht immer leicht, seinen Platz zu finden. Hin und her gerissen zwischen dem Wunsch nach Zugehörigkeit und der Sehnsucht nach Unabhängigkeit hat Kiki noch einen langen Weg vor sich, bevor sie Antworten auf all ihre Fragen findet. Einstweilen ist eine weitere Brioche bereit zur Auslieferung, also auf den Besen und los geht's!

ZUTATEN
REICHT FÜR 4 PERSONEN

VORBEREITUNG: 30 MINUTEN ZUBEREITUNG: 35 MINUTEN RUHEN LASSEN: 2 STUNDEN 30 MINUTEN

70 g Butter
200 ml Milch
25 g frische Hefe
500 g Mehl + etwas zusätzlich für die Arbeitsfläche
60 g Kristallzucker
3 Eier
1 Prise Salz

- Die Butter in Würfel schneiden und bei Raumtemperatur stehen lassen, bis sie cremig wird. Die Milch in einem Topf bei schwacher Hitze erwärmen oder kurz in die Mikrowelle stellen. In einem kleinen Glas die Hefe in 2 Esslöffel warmem Wasser auflösen und 10 Minuten lang ruhen lassen.
- Im Gefäß eines Brotbackautomaten Mehl, Zucker, 2 Eier und Salz vermengen und bei niedriger Stufe die Knetfunktion aktivieren. Hefe dazugeben und schlückchenweise die Milch hineingießen. Auf niedriger Stufe 10 Minuten weiterkneten. Butter dazugeben und den Automaten auf mittlere Stärke hochstellen. Weitere 5 Minuten kneten.
- Teig in eine Schüssel geben, mit einem sauberen Küchentuch abdecken und den Briocheteig an einem warmen Ort 1 Stunde und 30 Minuten gehen lassen (auf dem Ofen, zum Beispiel).
- Die Arbeitsfläche bemehlen und den Teig darauflegen. Kräftig bearbeiten, bis alle Luft entwichen ist. Den Teig dritteln und jedes Stück rollen, bis ihr 3 dünne Würste habt. Einen Zopf daraus flechten und die Enden zusammendrücken, sodass eine schöne geflochtene Krone entsteht. Die Krone auf ein mit Backpapier ausgelegtes Backblech legen, abdecken und den Teig an einem warmen Ort noch einmal 30 Minuten gehen lassen.
- Den Ofen auf 180 °C vorheizen.
- Das verbliebene Ei verschlagen und die Krone damit bestreichen. Die Krone dann für 30 Minuten in den Ofen schieben. Vor dem Servieren abkühlen lassen.

FINAL FANTASY

PFUNDSKUCHEN AUS EORZÉA

Wenn ihr den besten Kuchen in ganz Eorzéa probieren wollt, dann braucht ihr nicht weiterzusuchen. Dieses Rezept kommt direkt vom neuen Kontinent und überzeugt selbst die zögerlichsten Esser. Ein paar zusammengeworfene Zutaten, ein Mischmasch aus Wasser und Feuer, und schon bleibt euch nichts mehr zu tun, als diesen Pfundskuchen zu probieren.

ZUTATEN
REICHT FÜR 6 PERSONEN

VORBEREITUNG: **20 MINUTEN** ZUBEREITUNG: **45 MINUTEN**

250 g Ananas
280 g Butter
½ Vanilleschote
1 Biozitrone
4 Eier
250 g brauner Zucker
250 g Mehl
1 TL Backpulver

- Den Ofen auf 180 °C vorheizen.
- Die Ananas in Würfel schneiden.
- In einer Pfanne 20 g Butter erwärmen. Wenn sie schaumig wird, die Ananaswürfel dazugeben und 5 Minuten braten, bis der Saft verdampft ist. Beiseitestellen und etwas ruhen lassen, während ihr euch dem übrigen Rezept widmet.
- 250 g Butter in eine Schüssel geben und in der Mikrowelle 30 Sekunden erhitzen, wenn nötig auch länger. Die Butter muss vollständig geschmolzen sein. Das Mark mit einem Messer aus der Vanilleschote schaben. Die Zitrone abspülen und die Hälfte der Schale abschaben.
- In einer Schüssel Eier und Zucker mit dem Vanillemark und der Zitronenschale verschlagen. Die geschmolzene Butter dazugeben und weiterschlagen. Mehl und Backpulver nach und nach dazugeben und mit einem Rührbesen weiterschlagen. Ananas dazugeben und unterrühren.
- Eine Kuchenform aus Silikon mit der übrigen Butter ausstreichen. Den Teig hineingießen und 40 Minuten lang backen. Den Kuchen mit einer Messerspitze einstechen. Wenn sie sauber wieder herauskommt, ist der Kuchen durchgebacken und fertig.

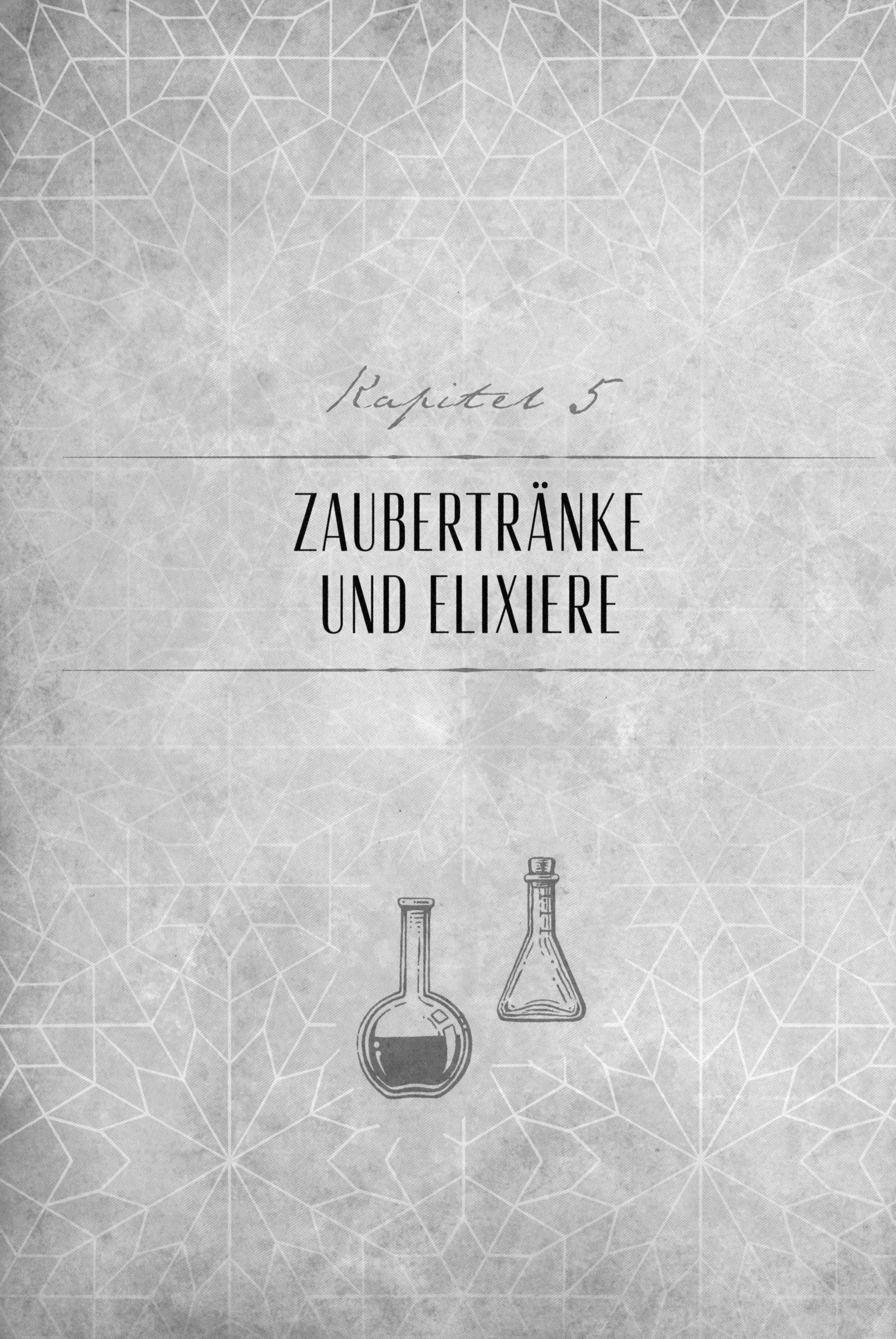

Kapitel 5

ZAUBERTRÄNKE UND ELIXIERE

DRINK ME

ALICE IM WUNDERLAND

„TRINK MICH“

Ob eure Arme zu kurz sind, um an den Pilz der Raupe zu reichen, oder ihr schrumpfen müsst, um nicht mehr mit einer Schlange verwechselt zu werden – trinkt so viel von diesem Elixier, wie euch beliebt ... Wer weiß schon, welchen Effekt es auf euch haben mag?

ZUTATEN
FÜR 4 PERSONEN

- 100 g ungesüßtes Apfelmus
- 1 Vanilleschote
- 2 TL Ahornsirup
- 400 ml Granatapfelsaft

VORBEREITUNG: **5 MINUTEN**

- Das Apfelmus in eine mit Gänseblümchen verzierte Schale gießen.
- Pik-Zwei, -Fünf oder -Sieben um ihre Spatenspitze bitten (oder benutzt ein Messer) und die Vanilleschote längs aufschneiden, um das Mark herauszuschaben.
- Vanillemark zum Apfelmus geben. Den Ahornsirup nach und nach dazutropfen lassen, dabei den Zauberstab herumwirbeln, und dann den Granatapfelsaft in einem Schwung dazugeben.
- Dreimal im Uhrzeigersinn rühren, dann viermal in der anderen Richtung zu derjenigen, die umgekehrt zur entgegengesetzten gegenüberliegenden ist.

HARRY POTTER

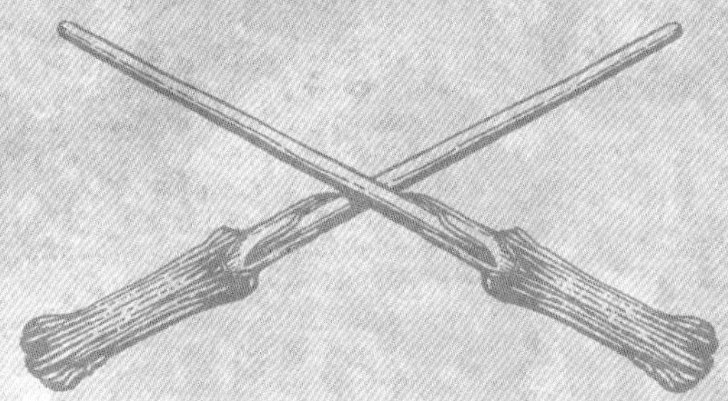

ECHTES WARMES BUTTERBIER (ALKOHOLFREI)

Mit der Erfindung des Butterscotchs wurde im Jahr 1855 auch die Idee für das Butterbier geboren. Mit Cream Soda gemischt ähnelte er echtem Bier so sehr, dass man das Ergebnis Butterbier nannte. Was auch immer der Anlass: In der Zaubererwelt ist Butterbier bei jeder Feier ein Muss!

ZUTATEN
FÜR 4 PERSONEN

VORBEREITUNG: **5 MINUTEN** ZUBEREITUNG: **5 MINUTEN**

500 ml Milch
60 ml Butterscotch oder flüssiges Karamell
Schlagsahne

- Die Milch in einem normalen Kessel erwärmen.
- Die Milch in Krüge gießen, den Sirup dazugeben und sachte umrühren.
- Mit einem Berg Sahne krönen und sofort genießen.

ECHTES KALTES BUTTERBIER (ALKOHOLFREI)

Ob warm oder kalt, Butterbier kitzelt euren Gaumen, gibt euch einen Motivationsschub und begleitet euch während der gesamten Party im Gemeinschaftsraum.

ZUTATEN
FÜR 4 PERSONEN

VORBEREITUNG: **5 MINUTEN**

60 ml Butterscotch oder flüssiges Karamell
500 ml Cream Soda
Schlagsahne

- Den Butterscotch in Krüge gießen, gekühlte Cream Soda dazugeben.
- Vorsichtig umrühren, mit einer großzügigen Portion Schlagsahne krönen und genießen.

PHANTASTISCHE TIERWESEN

GIGGELWASSER

Wollt ihr einmal Zeuge werden, wie sich phantastische Tierwesen amüsieren, so sucht die Bar Zum Blinden Schwein *auf. Ihr wisst schon, diese Spelunke, die es eigentlich gar nicht gibt, die hinter einem Plakat am Ende einer düsteren Gasse versteckt ist. Seid ihr einmal drin, versucht einen lässigen Eindruck zu machen, bestellt ein Giggelwasser und unterhaltet euch mit Gnarlak, dem Wirt und berühmtesten Goblingangster von ganz New York.*

ZUTATEN
FÜR 8 PERSONEN

VORBEREITUNG: **10 MINUTEN** RUHEN LASSEN: **15 MINUTEN**

100 g Kristallzucker
125 ml Wasser
einige Tropfen grüne Lebensmittelfarbe (nach Belieben)
16 Fruchtgummikrokodile
1 l Wasser mit Kohlensäure
1 kleine Dose buntes Zuckerkonfetti

- Haltet euren Zauberstab bereit, öffnet die Geheimtür und schleicht euch hinter die Bar. In einem Topf bei schwacher Hitze den Zucker, das Wasser und die Lebensmittelfarbe (falls gewünscht) verrühren, bis der Zucker geschmolzen ist. Die Krokodile hinzugeben und erneut rühren, bis sie sich aufgelöst haben. Topf beiseitestellen und abkühlen lassen.
- Den Sirup in klare Gläser füllen, vorsichtig das Sprudelwasser dazugießen und mit buntem Zuckerkonfetti verzieren. Unauffällig probieren, bevor der Zauber, der die Geheimtür schützt, seine Wirkung verliert und der Eingang für alle No-Majs sichtbar wird …

HARRY POTTER

PROFESSOR FLITWICKS WONNE

Wenn die Professoren von Hogwarts sich im Geheimen treffen wollen, dann tun sie das in Madam Rosmertas Lokal in Hogsmeade. Zum Glück halten Gespräche über düstere Prophezeiungen und böse Zauberer sie nicht davon ab, ihr Lieblingsgetränk zu schlürfen.

ZUTATEN
FÜR 4 PERSONEN

4 TL Kirschsirup
500 ml Cola
100 g Vanilleeis
1 Handvoll kandierte Kirschen

VORBEREITUNG: **5 MINUTEN**

- Sprecht einen Tropfzauber und gebt so den Kirschsirup in die Gläser. Mit einem Umrührzauber die Cola einrühren.
- Behutsam wie ein Thestral eine Kugel Eiscreme in jedes Glas geben.
- Ein paar kandierte Kirschen oben drauf, mit einem Papierschirmchen verzieren und genießen, bevor euch ein Schüler entdeckt.

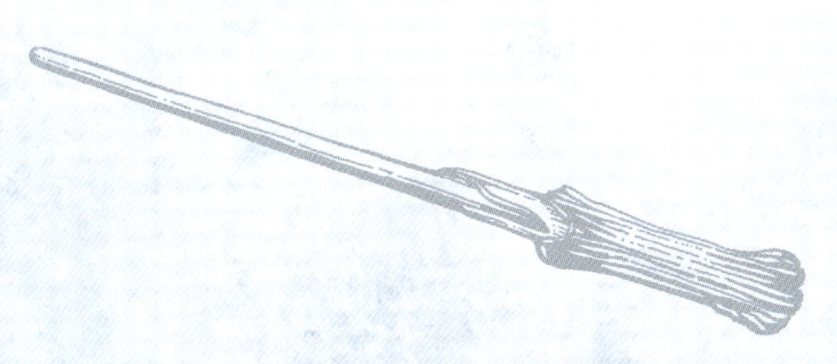

EINE WEIHNACHTSGESCHICHTE

GLÜHWEIN DER VERGANGENEN WEIHNACHT (ALKOHOLFREI)

Dies ist ein Rezept aus Dickens' Zeiten, direkt aus den Erinnerungen des Geistes der vergangenen Weihnacht. So hat Mrs Fezziwig den Glühwein gemacht, als Ebenezer Scrooge noch ein schüchterner junger Mann war, der sich nicht traute, seine Liebste zum Weihnachtsball auszuführen.

ZUTATEN
FÜR 6 PERSONEN

VORBEREITUNG: **5 MINUTEN** ZUBEREITUNG: **15 MINUTEN** RUHEN LASSEN: **10–15 MINUTEN**

- 1 l Apfelsaft
- 1 Biozitrone
- 1 Bioorange
- ½ TL gemahlener Ingwer
- 4 EL Honig
- 2 Sternanishülsen
- 2 Zimtstangen
- 1 Handvoll kandierte Kirschen
- 1 Nelke

- Ein Weihnachtslied singen und dabei den Apfelsaft in einem Topf bei schwacher Hitze erwärmen.
- Zitrone und Orange pellen und die Schale in den Topf werfen. Erst Ingwer und Honig, dann Sternanis, Zimtstangen, kandierte Kirschen und Nelken zum Apfelsaft geben und vorsichtig umrühren.
- 10–15 Minuten köcheln lassen, dann heiß servieren und in schönen Erinnerungen schwelgen.

CHARLIE UND DIE SCHOKOLADENFABRIK

WILLY WONKAS HEISSE SCHOKOLADE

Diese schaumige, leckere, wunderbare Schokolade wird speziell im berühmten Schokoladenraum in Willy Wonkas Schokoladenfabrik hergestellt und kommt aus einer der Röhren am großen Schokoladenwasserfall.

ZUTATEN
FÜR 6 PERSONEN

VORBEREITUNG: 5 MINUTEN ZUBEREITUNG: 15 MINUTEN

1 l Milch
6 EL Honig
Saft von 2 Clementinen
150 g dunkle Schokolade
1 Vanilleschote
1 TL gemahlener Ingwer
2 Zimtstangen
Schlagsahne

- Falls ihr eine Chance bekommt, euch einen Krug dieser unglaublichen Schokolade direkt aus Wonkas Wasserfall zu schnappen, tut es! Falls nicht, geht wie folgt vor: Milch, Honig und Clementinensaft in einen Topf gießen und bei sehr schwacher Hitze erwärmen, damit die Milch nicht verdampft.
- Die Schokolade in Stücke brechen und hinzufügen.
- Während die Schokolade schmilzt, die Vanilleschote längs halbieren und mit einer Messerspitze das Mark herauskratzen.
- Sobald die Schokolade vollständig geschmolzen ist, das Vanillemark, den Ingwer und die Zimtstangen dazugeben, 10 Minuten erwärmen.
- Die Zimtstangen herausnehmen und die heiße Schokolade in Becher gießen. Mit einer großzügigen Portion Schlagsahne servieren.

THE WITCHER

GOLEMHERZEN-ELIXIER

Mit der komplexen Magie, die im Obsidianherzen eines Golems wirkt, konnten rebellierende Magier ein mächtiges Elixier erschaffen, welches das Gehirn der Hexer verändert, wenn sie es trinken: Das Elixier erhöht die Intelligenz der Hexer, also hoch die Tassen!

ZUTATEN
FÜR 1 PERSON

2 cl Himbeersirup
2 cl Zitronensaft
4 cl Cranberrysaft
3 Eiswürfel
10 cl Ginger Ale

VORBEREITUNG: **5 MINUTEN**

- Himbeersirup, Zitronensaft und Cranberrysaft auf die Eiswürfel in einen Shaker geben. 15 Sekunden lang shaken.
- In ein Glas geben. Mit Ginger Ale aufgießen.
- Varianten: Für erwachsene Magier könnt ihr es mit diesen Zutaten versuchen: 4 cl Cointreau, 2 cl Crème de framboise (Himbeerlikör), 4 cl Cranberrysaft, 6 cl Ginger Ale und 2 cl Zitronensaft.

DIE BRAUTPRINZESSIN

DUELLWEIN (ALKOHOL- UND GIFTFREI)

Nachdem er erst den spanischen Schwertmeister Inigo auf den Klippen des Wahnsinns und danach den reimenden Riesen Fezzik bezwungen hat, muss Westley sich dem gerissensten all seiner Widersacher stellen: dem Sizilianer Vizzini. Zwei Gläser Wein und ein Beutel mit tödlichem Gift – in welchem Glas mag das Gift sein? Welcher der beiden Männer muss sterben, wenn sie beide einen Schluck trinken? Der Preis für den Gewinner dieses Duells zwischen Westley und Vizzini ist niemand anderes als Prinzessin Butterblume.

ZUTATEN
FÜR 6 PERSONEN

500 ml Apfelsaft
500 ml Holundersaft
6 EL Wildblumenhonig

VORBEREITUNG: **5 MINUTEN**

- Bittet Fezzik oder einen anderen Riesen darum, die Äpfel zu pressen oder die Flasche zu öffnen. Verschwendet eure Zeit nicht mit unnützen Erklärungen, bittet ihn einfach liebenswürdig mit einem Reim.
- Vermischt den Apfelsaft mit einer ebenso großen Menge Holundersaft. Verwendet dazu eine Schüssel, die ihr euch freundlich vom Albino „geborgt" habt.
- Vorsichtig umrühren, in Becher geben und je nach Geschmack Honig zufügen.

Anmerkung: Dieses Getränk kann im Winter kalt und im Sommer heiß serviert werden. Es passt zu jeder Gelegenheit: einem Picknick im Feuersumpf, einer Reise an Bord eines Piratenschiffes und sogar körperlicher Ertüchtigung (Fechten, Steinwurf, Angriffe auf Burgen und so weiter)!

DIE LIGA DER AUSSERGEWÖHNLICHEN GENTLEMEN

ERSATZBLUT FÜR VAMPIRE

Auszug aus dem Tagebuch des Professors James Moriarty: „Meine Nachforschungen bezüglich der Eigenschaften des Blutes Mina Harkers scheinen von Erfolg gekrönt zu sein: Die Herstellung eines synthetischen Substituts für ihr Vampirblut dünkt mir möglich. Die Ergebnisse sind beeindruckend. Dieses Substitut zeigt alle Charakteristika echten Vampirblutes. Wie lang die Wirkung anhalten wird, bleibt indes im Unklaren …" Könnte dieses Serum vielleicht Dr. Jekyll in Mr Hyde verwandeln, so wie Minas echtes Blut es vermag? Ihr werdet es herausfinden müssen …

ZUTATEN
FÜR 6 PERSONEN

1 Glas Himbeermarmelade
6 EL Brombeersirup
500 ml Cranberrysaft
500 ml Granatapfelsaft
Saft von 2 Zitronen

VORBEREITUNG: **5 MINUTEN** RUHEN LASSEN: **15 MINUTEN**

- Die Himbeermarmelade sehr glatt am Boden einer Phiole verteilen. Den Brombeersirup langsam an den Seiten herab hinzulaufen lassen.
- Die Hälfte des Cranberrysaftes dazugießen, dann den gesamten Granatapfelsaft und schließlich den restlichen Cranberrysaft. Den Zitronensaft Tropfen für Tropfen einfiltrieren.
- Auf der Nordhalbkugel in Richtung der Corioliskraft umrühren, auf der Südhalbkugel entgegengesetzt. 15 Minuten lang dem Mondlicht aussetzen und dann kühl stellen.

Anmerkung des Professors: Die Wirkung dieses Trankes wird offenbar verstärkt, wenn man ihn zu Vollmond herstellt.

DIE LIGA DER AUSSERGEWÖHNLICHEN GENTLEMEN

DR. JEKYLLS VERWANDLUNGSTRANK

Auszug aus dem Tagebuch des Professors James Moriarty: „Es scheint, dass die von mir gewonnene Substanz unter normalen Bedingungen stabil ist ... Eine Reihe von Parametern jedoch können ihre Wirkungen beeinflussen, darunter eine unruhige Atmosphäre und nicht von Wolken verborgenes Mondlicht."

ZUTATEN
FÜR 4 PERSONEN

- 100 ml Blut (oder Kirschsaft)
- 50 ml Konzentrat quälender Angst (oder Orangensaft)
- 100 ml Ubull-Saft (oder Apfelsaft)
- 100 ml gescheiterte Hoffnungen (oder Pfirsichsaft)
- 150 ml blaues Wasser (blauer Sportdrink)

VORBEREITUNG: **5 MINUTEN**

- In der Grabesstille des Geheimlabors gewissenhaft die benötigten Mengen abmessen. Die Bluttropfen (Kirschsirup) mit sicherer Hand in einen Becher geben, dann mit einer graduierten Pipette (oder einer Spritze) das Konzentrat quälender Angst (Orangensaft) aufnehmen und an den Seiten des Glases herunterlaufen lassen.
- Ebenso mit dem Ubull-Saft (Apfelsaft), den gescheiterten Hoffnungen (Pfirsichsaft) und dem blauen Wasser verfahren.
- Die Farbschichten müssen intakt bleiben, bis ihr den ersten Schluck nehmt. Die Mischung nimmt dann die Farbe der Seele der Person an, die sie trinkt.

DIE CHRONIKEN VON NARNIA

LUCY PEVENSIES STÄRKUNGSTRANK

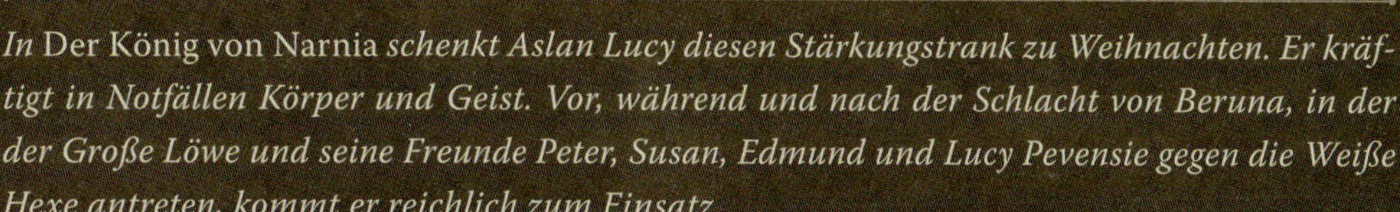

In Der König von Narnia *schenkt Aslan Lucy diesen Stärkungstrank zu Weihnachten. Er kräftigt in Notfällen Körper und Geist. Vor, während und nach der Schlacht von Beruna, in der der Große Löwe und seine Freunde Peter, Susan, Edmund und Lucy Pevensie gegen die Weiße Hexe antreten, kommt er reichlich zum Einsatz.*

ZUTATEN
FÜR 4 PERSONEN

VORBEREITUNG: 10 MINUTEN ZUBEREITUNG: 10 MINUTEN

500 ml Wasser
4 Bioclementinen
2 Bioorangen
1 Bioblutorange
1 Bio-Pink-Grapefruit
1 Biozitrone
4 EL Honig

- Während die Magie der Weißen Hexe schwächer wird und Narnia abzutauen beginnt, 500 Milliliter kristallines Wasser in einen Topf geben und auf heißer Flamme zum Kochen bringen.
- Die Zitrusfrüchte mit der Handfläche auf einer flachen Oberfläche rollen. Nun halbieren, sämtlichen Saft herausholen und ihn in einer großen Schüssel sammeln.
- 4 Stück Schale jeder Sorte (je etwa 0,5 mal 3 Zentimeter, eine für jede Jahreszeit) in den Wassertopf geben und 5 Minuten lang kochen. Dann herausnehmen.
- Den Honig zum Zitrussaft hinzufügen. Sobald er sich aufgelöst hat, die Zesten als Dekoration dazugeben und umrühren. Heiß, warm oder kalt servieren, wann auch immer Bedarf besteht.

DIE INSEL DER BESONDEREN KINDER

WARME MILCH FÜR EINEN ABEND AUF DEM SOFA

Als Jake Miss Peregrines Waisenhaus zum ersten Mal betritt, wird er eingeladen, mit den Bewohnern, die alle etwas eigentümlich sind, zu Abend zu essen. Auf eine Wand projizierte prophetische Träume anschauen, gemütlich mit einem Glas heißer Milch mit dampfenden Marshmallows auf der Couch im Wohnzimmer eingekuschelt – wie könnte man einander besser kennenlernen?

ZUTATEN
FÜR 4 PERSONEN

500 ml Mandelmilch
60 g Vanille-Marshmallows
60 g kandierte Kirschen

VORBEREITUNG: 5 MINUTEN ZUBEREITUNG: 10 MINUTEN

- Die Mandelmilch bei schwacher Hitze in einem Topf erwärmen.
- Die Marshmallows in kleine Würfel schneiden, zu der Milch geben und 10 Minuten lang schmelzen lassen, dabei vorsichtig rühren.
- Den Topf von der Platte nehmen und mit einem Pürierstab mixen, bis die Flüssigkeit glatt, luftig und lecker ist.
- Die heiße Milch in große Gläser füllen, die kandierten Kirschen hinzufügen und in eine gemütliche Decke gekuschelt genießen.

SHREK

SHREKS MILCHSHAKE

Wenn, wie in Shreks Fall, euer bester Freund ein gesprächiger und hoffnungslos in einen Drachen verliebter Esel oder euer Schwiegervater ein Frosch ist oder auch euer geliebter Sumpf plötzlich von magischen Kreaturen heimgesucht wird, dann hilft euch ein Glas von diesem Milchshake, den Tag zu überstehen.

ZUTATEN
FÜR 4 PERSONEN

3 Avocados
500 g Wassermelone
1 Zitrone
500 ml Milch
2 EL Honig
1 Handvoll Gummiwürmer

VORBEREITUNG: **10 MINUTEN**

- Die Avocados von der Schale und dem Kern befreien. Die Wassermelone schälen und gegebenenfalls die Kerne entfernen. Die Früchte zerreiben, plattmachen, zerquetschen und pulverisieren, bis ihr einen Brei habt.
- Die Zitrone zwischen euren mächtigen Händen zerdrücken und ihr selbst noch den letzten Tropfen abringen.
- Die Obstmischung in eine Schale (oder einen Mixer) geben und mit einem Pürierstab mixen, dabei Milch und Zitronensaft hinzufügen.
- Den Honig probieren und auch etwas davon dazugeben. Am Rande jedes Glases einen Wurm platzieren. Jetzt trinken, einen ogerartigen Grunzer ausstoßen und ins Abenteuer aufbrechen.

SHREK

FIONAS PIÑA COLADA (ALKOHOLFREI)

In ihren Turm eingesperrt sehnt sich Prinzessin Fiona nach jemandem, der den Bann bricht und sie befreit. Zum Zeitvertreib beschäftigt sie sich mit Kampfkünsten und schlürft Piña Coladas, die dem Zauberspiegel zufolge unwiderstehlich sind.

ZUTATEN
FÜR 4 PERSONEN

800 ml Ananassaft
200 ml Kokosnussmilch
8 EL Zuckersirup
6 kandierte Kirschen
2 Scheiben frische oder eingemachte Ananas

VORBEREITUNG: **5 MINUTEN**

- Bei einem wolkenlosen Vollmond in einer Schüssel den Ananassaft mit der Kokosnussmilch vermischen.
- Zuckersirup dazugießen und umrühren, dabei durch das Dachfenster den Himmel bewundern.
- Singend die Ananas in so viele Stücke zerschneiden, wie ihr Gäste habt.
- Das Getränk auf Gläser aufteilen und je ein Stück Ananas und eine Kirsche an die Seite jedes Glases stecken. Die übrigen Kirschen essen. In angenehmer Gesellschaft trinken, bis die Morgendämmerung den neuen Tag einläutet.

VAMPIRE DIARIES

ANTI-VAMPIR-MILCH (ALKOHOLFREI)

Um eines gleich klarzustellen: Vampire verabscheuen Eisenkraut. Verwendet diesen Trank, bevor ihr in euer weiches Bett schlüpft, um euch vor Damon, Katherine und ihren Freunden zu schützen, die sich allesamt nach euren zarten Halsschlagadern sehnen.

ZUTATEN
FÜR 4 PERSONEN

VORBEREITUNG: **5 MINUTEN** ZUBEREITUNG: **5 MINUTEN** RUHEN LASSEN: **10 MINUTEN**

500 ml Milch
1 Stange Sellerie
2 Blätter Königskraut (Basilikum)
1 Handvoll Venuskrautblätter (oder 1 Beutel Eisenkrauttee)
4 Honigtropfen

- Wenn die Sonne hinter dem Horizont verschwindet und die Nebel emporsteigen, die Milch bei schwacher Hitze in einem Topf erwärmen.
- Den Sellerie säubern und in so viele lange Streifen schneiden, wie es Personen zu beschützen gilt.
- Die Blätter des Königskrauts und des Venuskrauts abspülen und zu der Milch geben, 10 Minuten ziehen lassen.
- Das Ganze abgießen, dann in die Becher geben. Honig hinzufügen. Nun rührt jede Person mit ihrem Sellerie um. Trinken und in den Schlaf sinken.

NICOLAS FLAMEL

VERJÜNGUNGSELIXIER FÜR ZAUBERER MIT ERKÄLTUNG

Nicolas Flamel erlangte seine enorme Berühmtheit durch die Entdeckung der Geheimnisse des Steines der Weisen, welcher unedles Metall in Gold verwandelt. Sein bestgehütetes Geheimnis jedoch, jenes, von dem niemand jemals auch nur ahnte, ist das des Verjüngungselixiers … Stellt euch das mal vor – seit dem 14. Jahrhundert am Leben und noch keine einzige Erkältung!

ZUTATEN
FÜR 1 PERSON

1 cm frischer Ingwer
500 ml Wasser
1 Zitrone
1 Zimtstange
1 EL eures Lieblingshonigs

VORBEREITUNG: **5 MINUTEN** ZUBEREITUNG: **15 MINUTEN**

- Ingwer schälen und in dicke Scheiben schneiden.
- Das Wasser in einem kleinen Kessel erwärmen, währenddessen die Zitrone entsaften.
- Wasser, Zitronensaft, Ingwer, Zimt und Honig vermischen. 15 Minuten bei großer Hitze ziehen lassen, aber nicht kochen.
- Die Flüssigkeit durch einen Filter geben, abfüllen und in den Kühlschrank stellen oder die Hitze reduzieren und über einen kalten Tag verteilt warm trinken.

DER GRINCH

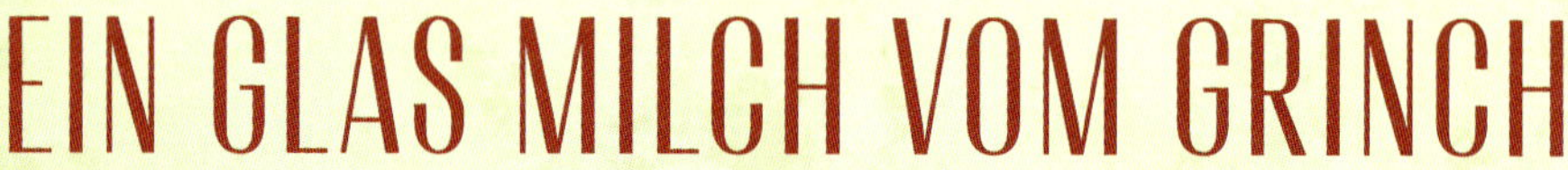

EIN GLAS MILCH VOM GRINCH

Wenn der Schnee friedlich auf Whoville fällt und die süßen Klänge fröhlicher Weihnachtslieder in der Ferne schallen, tut, was der Grinch täte: Schlagt die Tür zu, schließt die Fensterläden und verbarrikadiert euch weit entfernt von diesen widerlichen sentimentalen Trotteln, in eurem Sessel aus Eis mürrisch allein vor euch hin grummelnd, mit einem Glas in der Hand.

ZUTATEN
FÜR 1 KLEINE FLASCHE

1 Kiwi
2 Zitronen
750 ml Limonade
Kristallzucker

VORBEREITUNG: **5 MINUTEN**

- Schlüpft für die richtige Stimmung in euren lumpigsten Bademantel und eure ausgetretensten Latschen, um die Kiwi zu schälen und grob zu hacken sowie die Zitronen wieder und wieder zu pressen, bis kein einziger Tropfen Saft mehr in ihnen steckt.
- Nachdem ihr sichergestellt habt, dass keine Weihnachtssänger in der Nähe sind, öffnet euer Fenster einen Spalt und schnappt euch schnell die Flasche Limonade, die ihr zum Kühlen im Schnee gelassen habt.
- Die Kiwistücke mit einem Pürierstab oder einer Küchenmaschine pürieren, in ein Glas geben und nach und nach den Zitronensaft und die Limonade hinzufügen. Probieren. Wenn die Mischung so sauer ist, wie ihr selbst es seid, gebt ein wenig Zucker hinzu, ist sie nicht kalt genug, geht hinaus und holt eine Handvoll Schnee. Trinken und dabei allein in einer Ecke sitzend schmollen.

AUTORENPORTRAIT

Aurélia Beaupommier ist eine leidenschaftliche Leserin jeglicher wunderbarer und phantastischer Literatur. Als sie eines Tages in einen Kessel voller Äpfel, Musketiere, Zauberer und großer Entdecker fiel, beschloss sie, dem CNRS (Nationales Zentrum für wissenschaftliche Forschung in Frankreich) beizutreten, wo sie viele Jahre als Bibliothekarin arbeitete. So groß wie für Bücher ist auch ihre Leidenschaft fürs Kochen, und heute lebt sie mit ihrer Familie an einem geheimen Ort in der Normandie, an dem es „Bücher, Freunde und Blumen" gibt und an dem sie diese Rezepte aus den Welten der Phantasie ersonnen hat.

DANKSAGUNG

Da dieser zweite Band mit zauberhaften Rezepten nicht ohne sie hätte erscheinen können, möchte ich folgenden Menschen gerne meinen Dank aussprechen:

Didier, der dieses neue Abenteuer ermöglicht hat; Marjorie, dieser unbezahlbaren Redaktionsassistentin, die all meine vielen Fragen beantworten konnte und gleichzeitig mit den Deadlines, der Zerstreutheit der Autorin und den unkalkulierbarsten Ereignissen zu jonglieren vermochte, ohne je ihr Lächeln oder ihre Freundlichkeit zu verlieren; Lucia und Sylvie, diesen geradezu erleuchteten Korrekturlesern, die unermüdlich Tippfehler, überzählige Konsonanten und Fantasiewörter zur Strecke brachten; all denjenigen, die diesen Text mit ihrem Know-how verbessert haben: Anne, Vincent und Maëlle für die Fotografien und das Design; Amélie und Éloïse für Artwork und Illustrationen; Liguori für seine Hilfe und seine Kreativität; den Teams von France Bleu Armorique und Radio-Canada, die mich so herzlich auf ihrer Welle empfangen haben; meiner Mutter für ihre bedingungslose Unterstützung; Estelle für ihre Freundschaft und literweise Tee; den Crewmitgliedern ... alten wie neuen; Cyril, für alles, was er weiß ... oder auch nicht weiß!

Dieses Buch ist vor allem gewidmet Kristen, Théodore, Ève, Jean, Lana und Benjamin, dieser fröhlichen Bande von Übeltätern, Emily, meinem Sonnenschein, Héloïse, meinem Nordstern.

INDEX

Im Who is Who der Zauberer ab Seite 7 könnt ihr alles über die Zauberwelten nachlesen, aus denen die Rezepte stammen.

BIBLIOGRAPHIE

Gedruckte Zauberer

Adams, Richard, *Unten am Fluss*, Ullstein, 1975.
Arleston, Christophe, *Troll von Troy*-Reihe, seit 1997.
Barrie, James Matthew, *Peter Pan*, seit 1902.
Carroll, Lewis, *Alice's Abenteuer im Wunderland*, 1869.
Collectif, *50 contes et histoires enchantées*, Compagnie Internationale du Livre, 1980.
Collectif, *Contes et Légendes de Brocéliande*, Terre de Brume, 2000.
Dahl, Roald, *Charlie und die Schokoladenfabrik*, Bertelsmann, 1969.
Dickens, Charles, *Eine Weihnachtsgeschichte*, garant, 2017.
Gaiman, Neil, *Sternwanderer*, Heyne, 2000.
Goldman, William, *Die Brautprinzessin*, Klett-Cotta, 1977.
Das Nibelungenlied, mhd./nhd. Karl Bartsch/Helmut de Boor und Siegfried Grosse, Reclam, 1997.
Nostradamus, *Die Prophezeiungen*, Magic Bookworld, 2018.
Riggs, Ransom, *Die Insel der besonderen Kinder*, Knaur, 2013.
Rowling, J. K., *Phantastische Tierwesen und wo sie zu finden sind: Das Originaldrehbuch*, Carlsen, 2017.
Seuss, Dr., *Wie der Grinch Weihnachten gestohlen hat*, Rogner & Bernhard, 2000.
Shakespeare, William, *Macbeth*, ars vivendi, 2001.
Steig, William, *Shrek!*, Gerstenberg, 1991.

Mittelerde

Tolkien, J. R. R., *Der kleine Hobbit*, dtv, 1974.
Tolkien, J. R. R., *Der Herr der Ringe, Teil 1: Die Gefährten*, Klett-Cotta, 1969.
Tolkien, J. R. R., *Der Herr der Ringe, Teil 2: Die zwei Türme*, Klett-Cotta, 1970.
Tolkien, J. R. R., *Der Herr der Ringe, Teil 3: Die Rückkehr des Königs*, Klett-Cotta, 1970.

Harry Potter

Rowling, J. K., *Harry Potter und der Stein der Weisen*, Carlsen, 1998.
Rowling, J. K., *Harry Potter und die Kammer des Schreckens*, Carlsen, 2006.
Rowling, J. K., *Harry Potter und der Gefangene von Azkaban*, Carlsen, 2007.
Rowling, J. K., *Harry Potter und der Feuerkelch*, Carlsen, 2008.
Rowling, J. K., *Harry Potter und der Orden des Phönix*, Carlsen, 2009.
Rowling, J. K., *Harry Potter und der Halbblutprinz*, Carlsen, 2010.
Rowling, J. K., *Harry Potter und die Heiligtümer des Todes*, Carlsen, 2011.

Die Chroniken von Narnia

Lewis, C. S., *Das Wunder von Narnia, Die Chroniken von Narnia Band 1*, Ueberreuter Verlag, 2005.
Lewis, C. S., *Der König von Narnia, Die Chroniken von Narnia Band 2*, Ueberreuter Verlag, 2005.
Lewis, C. S., *Der Ritt nach Narnia, Die Chroniken von Narnia Band 3*, Ueberreuter Verlag, 2007.
Lewis, C. S., *Prinz Kaspian von Narnia, Die Chroniken von Narnia Band 4*, Ueberreuter Verlag, 2007.
Lewis, C. S., *Die Reise auf der Morgenröte, Die Chroniken von Narnia Band 5*, Ueberreuter Verlag, 2007.
Lewis, C. S., *Der silberne Sessel, Die Chroniken von Narnia Band 6*, Ueberreuter Verlag, 2008.
Lewis, C. S., *Der letzte Kampf, Die Chroniken von Narnia Band 7*, Ueberreuter Verlag, 2008.

Die Tintenwelt-Trilogie

Funke, Cornelia, *Tintenherz*, Cecille Dressler, 2003.
Funke, Cornelia, *Tintenblut*, Cecille Dressler, 2005.
Funke, Cornelia, *Tintentod*, Cecille Dressler, 2007.

Die Eragon-Tetralogie

Paolini, Christopher, *Das Vermächtnis der Drachenreiter*, cbj, 2004.
Paolini, Christopher, *Der Auftrag des Ältesten*, cbj, 2005.
Paolini, Christopher, *Die Weisheit des Feuers*, cbj, 2008.
Paolini, Christopher, *Das Erbe der Macht*, cbj, 2011

Twilight-Serie

Meyer, Stephenie, *Bis(s) zum Morgengrauen*, Carlsen, 2006.
Meyer, Stephenie, *Bis(s) zur Mittagsstunde*, Carlsen, 2007.
Meyer, Stephenie, *Bis(s) zum Abendrot*, Carlsen, 2008.
Meyer, Stephenie, *Bis(s) zum Ende der Nacht*, Carlsen, 2009.

Zauberer auf der grossen und der kleinen Leinwand

Die Braut des Prinzen, Rob Reiner, 20th Century Fox, 1987.
Charmed, Fernsehserie von Constance M. Burge und Aaron Spelling, 1998 bis 2006, 2018.
Ghostbusters, Ivan Reitman, Columbia Pictures, 1984.
Ghostbusters 2, Ivan Reitman, Columbia Pictures, 1989.
Ghostbusters (Neuverfilmung), Paul Feig, Sony Pictures Entertainment, 2016.
Gremlins, Joe Dante, Amblin Entertainment, Warner Bros., 1984.
Gremlins 2, Joe Dante, Amblin Entertainment, Warner Bros., 1989.
Der Grinch, Ron Howard, Universal Pictures, 2000.
Die Insel der besonderen Kinder, Tim Burton, Tim Burton Productions, 2016.
Kikis kleiner Lieferservice, Hayao Miyazaki, Studio Ghibli, 1989.
Legende, Ridley Scott, 20th Century Fox, Universal Pictures, 1985
Die Liga der außergewöhnlichen Gentlemen, Stephen Norrington, 20th Century Fox, 2003.
Phantastische Tierwesen und wo sie zu finden sind, David Yates, Warner Bros., 2016.
Pirates of the Caribbean-Reihe, Walt Disney Imagineering, 2003 bis 2017.
Sabrina – Total Verhext!, Fernsehserie von Nell Scovell, Viacom Productions, 1996 bis 2003.
Shrek-Reihe, Dream Works SKG, 2001 bis 2010.
Sternwanderer, Matthew Vaughn, Paramount Pictures, 2007.
Stranger Things, Fernsehserie von Matt Duffer und Ross Duffer, Netflix, seit 2016.
Vampire Diaries, Fernsehserie von Kevin Williamson, Warner Bros. Television, CBS Television Studios, 2011 bis 2017.

Spiele

Baldur's Gate, Die Legenden der Schwertküste, Icewind Dale, BioWare und Black Isle Studios, seit 1998.
Dungeons & Dragons, Tactical Studies Rules und Wizards of the Coast, seit 1974.
Final Fantasy, Sakaguchi Hironobu, Square Enix, 1987 bis 2018.
Magic: The Gathering, Richard Garfield, Wizards of the Coast, 1993.
The Witcher, Andrzej Sapkowski, Atari, 2007 bis 2015.

Musik

Jackson, Michael, *Thriller*, Musikvideo, Regie Jerry Kramer.
Tschaikowski, Pjotr, *Der Nussknacker*.
Wagner, Richard, *Der Ring des Nibelungen*.

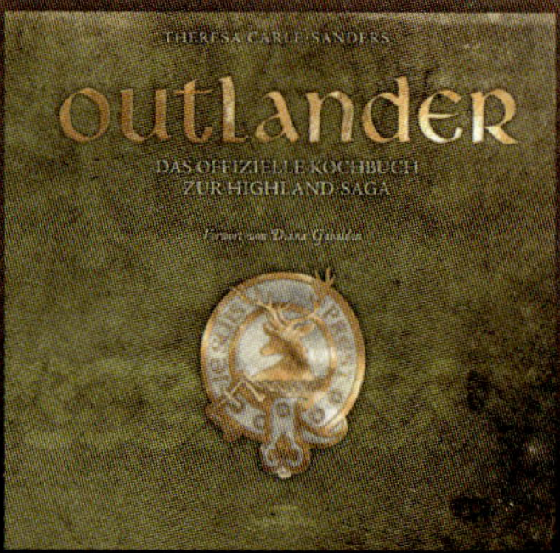